다시 복지국가로: 분열을 넘어 미래로

원 용 희

책과 공간

머리말

다시 처음으로 돌아가 보자

2017년 4월 <생존불안시대, 4차산업혁명과 기본소득> 발간 이후, 2021년 7월 <가처분소득과 불평등>을 출간하게 되었다. 그런데 두 번째 책은, 이미 설명한 바와 같이 새로 시작된 고민으로 원고를 만들기 시작했고, 3차에 걸친 도정질문과 2회의 5분 발언을 진행하며 원고를 이어 갔었다. 그리고 시간 관계상 도정질문과 5분 발언에 다 담지 못한 여러 내용을 추가하여, 원래는 2020년 1월에 원고를 완성하고, 2020년 4월경에 출판할 예정이었다. 그러나 누구도 예상치 못했던 코로나 사태로 출판 시기와 출판기념회를 미루며 상황을 지켜볼 수밖에 없었고, 결국 작년인 2021년 7월에서야 출간할 수 있었다.

하지만 두 번째 책인 <가처분소득과 불평등>에서 다룰 수 없었던 내용이 있었다. 바로 복지국가론과 기본소득론의 마찰이었다. 2~3년 전에 나는 절친한 사회복지사를 만날 기회가 있었다. 그분은 내가 기본소득과 관련해 여러 활동을 하고 있다는 것을 이미 알고 계셨다. 그런데 이분이 하시는 말씀을 듣고 약간의 충격을 받았다. 그분은 기본소득 제도가 정착되면, 모든 사회복지예산이 기본소득용 예산으로 전환되어 사회복지사들의 일자리가 없어질지 모른다고 사회복지사들이 두려워하고 있다고 이야기하셨다. '사회복지사들에게 기본소득에 대한 이해가 이토록 부족한가'라는 정도의 작은 충격이 왔다.

그런데 대선 후보를 선출하는 당내 경선 과정에 이르자, 기본소득에 대한 질타와 비판은 학계, 그중에서도 복지국가론을 설파해왔던 저명한 학자들로부터 무차별적으로 터져 나왔다. 스위스, 핀란드의 노동조합, 유럽의 좌파들 그리고 한국의 일부 좌파들과 이 학자들이 기본소득을 반대하는 이유 중 하나는 기본소득이 우파 정책이라는 것이다. 이들은 기본소득 옹호론자들은 정도의 차이는 있겠지만 기존 복지국가의 복지 제도들을 폐지하고 기본소득으로 대체하자고 주장하는 이들이며, 복지국가의 공공부조, 사회보험, 사회서비스 등 여러 복지 정책들에 들어가는 행정 비용을 절감할 수 있다고 믿으며, 시장주의의 효율성 논리를 강조하는 우파 정책을 옹호한다고 비판한다. 결국, 이러한 비판이 사실로 여겨져 복지 관련 공공영역에 종사하시는 분들의 불안감을 자극하였던 것이라는 생각이 들었다.

우리나라에서 기본소득은 아직 국민의 합의가 최종적으로 이루어진 것이 없는 도입단계의 정책이다. 공공부조, 사회보험, 사회서비스 등 복지국가의 모든 요소를 기본소득으로 대체한다는 우파적 발상만을 근거와 전제로 삼아, 기본소득 제도 자체를 시작 단계부터 좌절시키고자 하는 것은, 구더기 무서워 장 못 담그게 만드는 것과 다를 바가 없는 것이다.

다시 처음으로 돌아가 보자

우리나라의 사회복지 체계는 사회부조와 사회보험, 그리고 사회서비스로 구축되어왔다, 하지만 아직도 많은 부분에서 선별적 복지 형태를 지향하고 있다. 그런데 우리 모두가 알다시피 이러한 선별적 복지 정책들은 많은 문제를 일으켰고, 그러한 문제들은 현재까지 진행 중이어서 국민을 힘들게 만든다.

먼저, 선별적 복지 제도로는 심화되고 있는 소득 격차를 좁히기 힘들다. 지금까지 우리 정부의 정책은 시혜적으로 이루어져 왔고, 대표적인 선별적 복지 정책으로 국민기초생활보장제도와 근로장려세제를 들 수 있다. 기초생활보장은 현금과 현물 지급으로 이루어지는데, 이중 현금 지급은 생계비 지원 총액에서 개인의 소득을 뺀 금액만큼만 지급하는 보충 급여 방식이다. 이 현금 급여는 의료, 주거 등 부분 급여와 합산되어 지급총액으로 계산되므로, 실질적으로는 급여총액이 보충 급여 방식이라고 보아도 크게 다르지 않다. 따라서 자산 및 소득심사가 엄격하게 이루어지고, 재산과 소득으로 간주하는 범위 또한 매우 넓다. 이웃이나 친지로부터의 지원금도 소득으로 분류하는 것은 물론이고 심지어 '생활실태로 보아 소득이 없다고 인정하기 어려운 자'에 대하여 적용하는 '추정소득'이 명문화되어 있다. 이러한 문제들은 수급자의 생활을 통제하는 효과로 작용하는 것은 물론, 재산 축적을 원천적으로 차단하여 수급자가 빈곤으로부터 탈출하는 것을 저지한다.

둘째, 선별적 복지 제도는 인권 침해 문제를 일으킬 수밖에 없다. 선별적 복지는 모두가 아니라 일정한 조건에 맞는 이를 대상으로 지급되기 때문에 심사라는 방식을 통해 대상자에게 수급 자격이 있다는 것을 증명하라고 요구한다. 선별적 복지 제도에서 개인은 수급을 받기 위해 사회가 요구하는 조건을 받아들이고, 자격심사를 위해 사적인 정보를 공개하고 증명해야 한다. 대상자의 다른 기본권이 정보 공개와 증명 등의 과정에서 침해받을 수 있다. 현금 급여는 시혜가 아니라 대상자의 권리이지만 심사 과정은 그

대상자의 자존감에 상처를 주어 매우 힘들게 만든다. 복지라는 말이 삶의 질 향상을 의미한다는 것을 상기할 때, 이 사실은 엄청나게 큰 결점일 수밖에 없다.

셋째, 선별적 복지 제도는 노동 의욕을 떨어뜨린다. 예를 들어, 소득이 100만 원 이하인 사람들에게만 복지를 베푼다고 하자. 그러면 소득이 100만 원 이하인 사람 중에서 돈을 더 벌어서 100만 원 이상이 될 가능성이 생기면 차라리 일을 안 하고 소득을 줄여버리는 경우가 생긴다. 소득이 100만 원이 넘어가는 순간 복지 수혜자의 지위에서 탈락할 수밖에 없고, 일하지 않을 때 받는 복지혜택이 일할 때보다 많아 일하지 않도록 만든다. 소득이 있으면 기초생계비를 주지 않기 때문에 기초생계비가 오히려 노동 의지를 약화시키는 악순환을 일으키고 있고 심지어 빈곤의 대물림 현상까지 일부에서 일어나고 있다.

넷째, 정밀한 기준이 필수인 선별적 복지는 사각지대 발생으로 사회구성원 간 반목과 갈등을 일으킨다. 선별적 복지 제도에서는 '어려운 사람들'과 '있는 사람들'을 구분해서 어려운 사람들에게만 복지 혜택을 주고자 한다. 이러한 선별적인 복지 제도를 유지하기 위해서는 우선 자산과 소득 수준을 정확하게 파악해야만 한다. 그러나 여기서 '어려운'과 '있는'의 정확한 기준을 잡을 수도 없고 그에 알맞게 선별할 수도 없다는 것이 문제이다. 최근 재난지원금 지급 기준을 국민의 80%로 할 것인지 혹은 100%로 할 것인가의 사회적 논쟁에서 보았듯이, 선별적인 기존 복지 제도는 사각지대를 만들고, 그 혜택이 커 갈수록 사회구성원 간 반목과 갈등을 일으킨다는 점은 분명하다. 반면, 보편적 복지를 향한 기본소득은, 선별적 복지의 이런 점과 비교할 때 '자격 심사도 요구 조건도 없다'라는 무조건의 특성으로 인해 개별적인 사회구성원의 기본권을 옹호하게 된다.

이제는 당연한 것으로 자리 잡은 무상급식 정책이 보여주듯, 우리 사회구성원 사이의 갈등도 줄어들고, 노동 의지도 커질 것이다.

현 단계에서 우리의 기본소득 논의는 이 정도 단계이다. 그리고 주요 초점은 선별적 복지 정책에서 보편적 복지 정책으로의 전환이다. 그리고 현 수준의 기본소득은 보편적 복지 정책의 한 요소일 뿐이다. 이러한 단계와 시점에서, 복지국가를 지향하시는 분들이 보편적 복지 제도들의 실현과 정착을 희망하고 있다면, 굳이 그토록 기본소득을 터부시할 필요는 없다는 것이다. 오히려 그분들이 우려하는 극우적 성격의 기본소득이 되지 않도록, 제도 발전의 단계마다 문제점을 개선하는 데 함께 참여하고, 토론하며, 현실에 적합한 보편적 대안을 제시하여야 할 것이다.

기본소득으로 인해 보편적 복지 정책이 전 국민적 관심사가 되었고, 우리나라가 선진적 복지국가로 가는 길에 엄청난 밑거름이 되었음은 부인할 수 없는 사실이다. 덕분에, 이제는 복지에 대한 근본적인 인식 전환이 일어나고 있다. '어려운 사람'이 아니라 '모든 사람'이 복지 혜택을 받아야 한다는 것으로.

그리고 주택문제에 대해서는, 사회서비스로서의 공공주택 정책과 주택시장에 대한 정책을 명확히 분리한 후, 공공주택 정책에 의한 주택시장의 교란을 제어하고 건강한 주택시장의 형성에 이바지하도록, 다양하고 질 높은 공공주택 보급 정책에 힘이 실리고 중장기적 목표가 확립되어 왔어야 했는데, 그러지 못했음을 인지하였다.

하지만 이 책에서 이 문제를 전문적으로 다루기에는 여러 가지로 어려움이 있어서 보다 다양한 공공주택 정책 사례들의 나열에 그치고만 아쉬움이 많이 남는다. 앞으로 다양한 공공주택의 보급이 어떠한 방식으로 어느 정도까지 이루어져야, 민간주택 시장 수요와 공급의 균형을 맞추고, 민간주택시장의 교란과 시장실패로 인한 국민의 피해를 줄일 수 있을까에 대한 고민을 계속해 나가고자 한다.

끝으로, 경기도의원으로서 사회서비스로서의 철도망 건설이 공공용 교통망 증대용인가 아니면 특정인들의 자산증대용인가 하는 점과 일산대교 사태로 드러난 공공기관인 국민연금의 민자사업 참여 문제에 대해 질의와 연구를 계속 해 왔으나, 이 책에서는 다루지 않았다. 이 점들에 대해서는 향후 기회가 된다면 또 다른 자료집이나 책으로 만나 뵙고자 한다.

초선 경기도의원의 임기가 5개월여밖에 남지 않은 시점이 되니, 감회가 새로워진다. 광역의원의 역할을 통해 많은 것을 배우고 깨달은, 그리고 고마움이 넘쳐나는 4년이었다. 내 주위의 모든 분과 주님께 진심으로 감사드린다.

2022년 2월 3일 설 연휴 이튿날

고양시청 앞 의회상담소에서 **원 용 희** 씀

차 례

1장 복지국가의 각론들

2장 복지국가의 발전 과정

3장 기본소득과 복지국가

4장 주거 복지정책

5장 다시 복지국가로: 분열을 넘어 미래로

<표 차례>

<그림 차례>

제1장

복지국가의 각론들

1. 논쟁의 등장

1) 복지국가의 필요성에 대한 인식

2020년 10월 연세대학교 복지국가연구센터에서는 Research & Research에 의뢰하여 '사회보장과 기본소득 증세에 관한 인식조사'를 시행하였고 그 결과는 『예산정책연구』 10권 2호에 실려 있다. 이 결과에 따르면 기본소득 도입에 대한 태도가 각각 5점 척도로 측정되었고 기본소득 도입을 위한 증세에 대한 태도에 대해서는 연구자들의 의도는 찬반을 명확하게 하기 위해서였다. 아무튼, 결과는 '다소 늘려야'에 40.9%가, '많이 늘려야'에는 9.3%가 응답했다. '현행 유지'에는 33.6%가 응답했고 '다소 줄여야'는 12.9%, '많이 줄여야'에는 3.3%가 응답했다. '복지를 위해서 증세를 해야 한다'는 질문에 대해서는 59.5%가 '찬성'에 40.5%가 '반대'에 응답했다. 나에게 흥미로운 것은 보편 증세보다는 부자들에게 세금을 더 걷어야 한다고 응답한 이들이 많았다는 것이다. 73.6%가 동의하였고 반대는 9.4%에 불과했다. 복지 증세 시에 선호하는 방법에는 법인세 인상, 재산세 인상, 조세감면 축소와 지출구조조정 등의 순으로 나타났다. 소득세와 소비세 같은 본인이 과세의 대상이 될 수 있는 세목의 인상은 선호하지 않는 것으로 나타났다(양재진 외, 2021: 10). 이 내용에 대해서는 기본소득에서 더 이야기할 것이다. 기본소득에 대한 찬반조사에서는 대체로 찬성이 많았다.

기본소득과 복지는 국가의 개입으로 사람들이 행복을 느끼도록 하는 방식이다. 즉, 개인이 사람다운 삶을 사는 것으로 인해 행복하게 느끼게 되고 그것이 복지국가의 본질임을 다시 한 번 이야기하고 싶다. 기본소득도 복지국가의 한 부분이기 때문이다. OECD 국가 중, 불행을 느끼는 사람들이 가장 많은 나라가 한국이라고 한다. 불평등, 상대적 박탈감, 빈곤, 그리고 장시간의 노동은 한국인을 삶에서 행복을 느끼지 못하게 만드는 여러 요인 중 하나에 속할 것이다.

2021년 한국개발원(KDI)은 5월 보고서를 통해 한국인의 행복지수는 37개 OECD 국가 중에서 35위에 머물렀음을 발표하였다. 한국보다 낮은 국가는 그리스와 터키뿐이었다. 노동은 평균보다 연간 241시간을 더 일했는데 이는 2위에 해당하는 숫자다. 고령화 속에서 노인 빈곤율도 가장 높았다. 전체 조사 대상 149개국 중에서는 62위에 머물렀다. 지표별로 나라마다 비교 연도는 약간 달라서 2018년과 2020년 사이를 비교한 것이다. 빈곤 그리고 물질이 사람들의 정신건강에 영향을 미친다고 한다. 그런데 정신건강뿐 아니라 빈곤과 불평등이 질병의 불평등에도 영향을 미치는 것을 이미 이야기하였다. 현대 사회에서 정신적·물적 건강과 행복은 경제 지수와 밀접하게 관련이 있다. 많은 연구에서 이것이 드러나 있다.

보건복지부가 발표한 2019년 한국의 보건의료 지수를 보면 한국인의 건강지수가 OECD 평균보다 낮다고 한다. 자신이 건강하다고 생각하지 않고 어딘가 문제가 있다고 생각하는 주관적인 질병에 대한 인식도 낮다. 무엇보다 평균 병원진료 회수가 7회인 OECD 국가들에 비해 한국은 17회로 2배 이상 많다. 가장 낮은 스웨덴의 3회보다 6배에 가까운 수치이다. 병원을 둘러싼 구조적인 환경의 차이에서 비롯된 것일 수도 있겠으나 그만큼 병원에 대한 인식 그리고 자신의 건강 상태에 대한 인식이 다른 국가들과 차이가 나기 때문에, 한국인들이 병원 찾는 횟수가 많다고 할 수 있다. 그렇다면 무엇이 한국인들로 하여금 자신이 건강하지 않을 수 있다거나 질병 혹은 병이 있다고 생각하게 만드는 것일까? 그것은 '불평등'이다. 핵심은 건강의 원인이 되는 '불안정성'이다. 복지국가는 개인의 불안정성을 극복하도록 국가가 개인의 일상에 제도적으로 개입하는 것이고, 그들이 인간답게 살 수 있도록 서비스를 제공해주는 국가의 기능을 강화하는 존재이다.

2) 복지 아젠다의 주도권

대통령 선거를 앞두고 복지에 관련된 많은 논쟁이 있었다. 복지국가 논쟁에서 소득 관련 논쟁이 주를 이루었는데 기본소득 논쟁이 다른 복지 논쟁을 흡수한 것처럼 보인다. 이 가운데 한 축이었던 선택복지는 일종의 아픈 곳에 약을 처방하는 것과 같은 처방적(therapeutic) 복지를 의미한다. 한정된 자원으로 인해 필요한 곳에 더 많이 지원해야 한다고 주장하고 있다. 반면 보편복지는 복지의 포괄성을 높이는 것도 중요하지만 대상을 넓히는 지원, 즉 누구나 복지의 대상이 되어야 한다는 의미에 초점이 더 맞추어져 있다. 자원이 부족할 때 지원 대상, 지원의 폭 등을 고려할 필요가 있는데 이런 점에 있어서 보편복지는 늘 논쟁을 불러일으켰다. 기본소득에 대해서는 이미 전 저서에서 여러 차례 이야기했지만 모든 국민에게 똑같이 개인적으로 현금을 아무런 조건을 요구하지 않고 지급하는 지원을 뜻한다. 2007년에는 반값 등록금, 2010년에는 무상급식 논쟁이 선거에서 핵심 주제였다면 이번에는 기본소득이 논쟁의 핵심으로 떠올랐다.

코로나가 기승을 부린 지지난해부터 시작된 복지 관련 논쟁은 보편복지 vs 선택복지 논쟁을 넘어 기본소득 vs 보편복지 논쟁이 주요하게 다루어졌다. 나는 논쟁이 진일보한 것에 대해 큰 의미를 두고 있다. 물론 복지 문제를 두고 아직도 선택복지 관련 주장도 많은 것은 사실이다. 그런데 선택복지를 주장하는 분들도 기본소득을 비판하는 과정에서 복지국가의 역할과 기능을 확대하는 제도의 필요성을 인정하면서 복지국가 확대에는 찬성하는 것처럼 보인다. 자가당착이거나 복지국가 확대를 어쩔 수 없이 받아들이는 것일지도 모른다. 기본소득 관련 논쟁이 한창일 때 각종 학술대회나 시사프로에서도 기본소득이 주된 화두를 이루었다.

나의 첫 번째 책에서 이미 지적했듯이, 복지국가에 대한 논쟁에서 가장 중요한 것은 기본소득은 복지국가를 향해 나아가는 한 걸음일 뿐이라는 점이다. 기본소득을 비판하는 일부 학자들은, 모든 복지 예산이 기본소득용 재원으로 편입되고, 기본소득으로 나누어 주어진 후 복지 서비스는 시장에 내던져지는 마치 우파적 상황 논리에 기반하여, 기본소득이 기존의 복지국가 체계를 흔들며, 새로운 자본 질서에 알맞게 구축하려고 하는 노력의 일환일 뿐이라고 주장하고 있다.

이에 대해 기본소득은 복지국가의 중요한 한 축이 될 것이라는 점을 나는 계속 강조하였다. 사석에서도 늘 이야기하였듯이 국가의 공공성을 제도화하고 그에 알맞게 기본소득을 제공하자는 것이다. 유치원 3법 파동이 있었을 때 내가 이야기한 것이 이점을 분명히 하였다. 사립 유치원장들은 국가에서 사립 유치원의 재정을 들여다보고 통제하려 하지 말고 차라리 해당 금액을 가정에 직접 지급하여 부모들이 선택하도록 하라고 주장했었다. 보수 언론들은 민주당이 2018년 유치원 3법을 입안하려고 하자 피해자 코스프레를 시도하면서 감사, 조사, 고발 등을 당한 유치원 원장과 소유자 그리고 관계자와의 언론 인터뷰를 보도했다. 이때 등장한 것이 2012년 누리과정 지원금 (당시 22만 원과 29만 원)을 유치원을 지원하기 위해서 제공했는데 이를 국가가 유치원 재정에 대해 감사를 하는 계기로 삼은 것이다. 이 점을 비판하면서 유치원은 지원금을 받을 때보다 더 열악한 환경에서 운영되고 있다는 점을 강조했다. 그래서 유치원 관계자들은 늘 그 이전처럼 개별적으로 가정에 직접 지급하라고 주장했다.

그런데 이 부분에서 문제가 발생한다. 얼핏 보면 좋아 보이는 제도이고 개인의 선택을 넓혀주는 것이며, 유치원은 그 이전과 같이 개인의 사유재산처럼 운영되면서 정부지원금을 원장 마음대로 활용할 수 있기 때문이다. 그러면 아무 일도 안 일어나는가? 이미 전에도 이야기했듯이 복지국가 역사에서 영국의 지방복지 제도 중에서 한 획을 그은 스핀햄랜드(Speenhamland)법이다. 빵 가격을 연동해서 보조금을 지급했더니 어떤 일이 일어났는가? 바로 빵 가격의 인상이다. 빵 가격이 지속적으로 인상되다 보니 지방정부의 복지 비용은 증가하고 수혜자는 그 증가분만큼 이익을 받지 못하고, 그 증가분은 모두 빵 가게 주인이나 관련 사업에 종사하던 부르주아들의 이익으로 돌아갔었다. 유치원도 마찬가지다. 유치원비 인상은 뻔할 것이고 정부지원금은 계속 늘어나야 하고 아이들의 교육은 제자리걸음일 것이다. 국가의 누리과정 자체가 불안정해질 수밖에 없는 구조가 된다.

나는 늘 이야기했듯이 누구 혹은 어떤 개인을 지적해서 그를 일탈자라고 부르는 것을 동의하지 않았다. 왜냐하면, 사회구조 속에서 활동하는 개인은 그 안에서 최상의 이익을 추구하도록 자신의 합리성을 개발하기 때문이다. 누군가를 비난할 것이 아니라, 실제 현장에서 어떻게 제도로 작동할 것인지를 미리 관계인들의 행동을 예측하며, 그것에 대비하여 제도를 설계하고 실현하면 되는 것이다. 기본소득은 그런 의미에서 기존 복지제도를 해체하는 것이 아니라 복지국가의 가장 중요한 핵심인 공공성을 확대하면서 모두에게 자유를 만끽할 수 있는 환경을 설정해주기 위한 것이라는 점은 분명히 밝히고자 한다.

3) 논쟁의 배경: 사회 변동과 복지국가의 변화

복지에 대한 인식이 변화하려면 무엇인가 사회적인 변동이 먼저 초래되어야 한다. 대체로 경제적인 부분의 변동과 그로 인해 파생되는 변동, 그리고 국가 단위로 일어나는 복지이기 때문에 국가를 둘러싼 외적인 환경(국제관계)의 변동 역시 복지에 영향을 미친다. 얼핏 보면 복지에 대한 인식의 변화에는 구조적인 요인만 있는 것처럼 보이지만 구조적인 요인에 대응하는 행위자 차원에 대한 접근도 필요하다. 이미 전작에서 공중화장실 개수를 설명하면서 제도 개선이 이뤄졌지만, 현장에서 제도 개선의 결과가 왜곡되어 나타나는 현상의 원인을 공무원들을 둘러싼 환경, 개인들을 둘러싼 환경을 연계하여 설명하면서 제도와 행위자 사이의 관계를 설명하였다. 사회학을 공부했던 사람으로서 나는 복지국가의 등장 요인에 대해서 구조적 요인인 경제 변동과 행위자 측면에서 노동자의 등장, 정치에서 사회주의 지향의 노동자 정당 등의 출현을 예로 들고 싶다. 이 점에 있어서 우리나라에서 과잉 대표성을 이야기하려고 한다. 어쨌든 복지에 대한 인식은 오랜 기간 변화해왔다.

자본주의가 본격화한 이후부터 복지의 역사는 흥미롭게 변화했다. 이미 지난 저술에서 복지의 총체성과 역사를 간단하게 언급했지만, 복지에 대한 생각들이 우리 사회에서는 너무 복잡하게 얽혀 있다. 복지의 역사는 자선에서 시작해서 보편적 사회서비스로 이동했다. 그래서 빈민구제로부터 시작했고 빈민만이 아니라 대다수에게 소득을 보장해주자는 쪽으로 발전했다. 그래서 구빈법으로 시작해서 복지국가로 이동한 것이다. 그런데 우리는 아직도 사회사업과 자선 등만 복지로 보는 구빈법 시대의 생각에 머물러 있다. 복지국가가 이미 대세이고 이것이 어떻게 변화하는가를 이야기를 나누어야 하는데 구빈(救貧)에 대한 정의부터 보편적인 복지에까지 한 이슈에 대해서도 너무 다른 생각들을 섞어서 비판을 위한 비판에만 매몰되어 있어 복지에 대한 가치 그리고 철학에 대한 발전이 없이 마구잡이로 복지 용어가 혼용되고 있다.

예를 들어, 빈민구제만을 다루던 것에서 이제는 선택적 복지, "필요한 곳에 복지를" 등 복지 효율성을 강조하는 생각들만이 넘쳐나는 것이 아니라 구빈법 시대부터 유지되어 온 빈민에 대한 생각들 즉, 자격 있는 빈민이라는 개념과 게으른 자들이라는 생각으로 노동하지 않는 빈민을 수용소나 감옥에 보내야 한다는 극한 말까지 우리 사회에서 넘쳐난다.

복지국가는 현대에 출현한 현대적인 개념이다. 복지국가 역사에서 등장하는 (영국에서 시작한) 구빈법이나 비스마르크가 도입한 사회서비스는 복지정책에는 해당하나 복지국가의 범주에 들어갈 수 없다. 노동자들에 대한 인식은 통제의 대상이었기 때문이다. 비스마르크의 복지 서비스 도입은 자본주의 특히 산업화된 자본주의가 발전하면서 반드시 등장했어야만 하는 노동자들 보호라는 국가 목적에서 비롯되었다. 자본주의가 발달함에 따라 늘어난 노동자들의 수가 그들을 보호할 때만 사회의 안정을 이끌 수 있고 노동자들의 저항을 약화시키고 그를 통해서 체제를 유지할 수 있었기 때문이었다. 새로운 복지 시스템의 등장과 복지 시스템의 시작을 알리는 것이었지만 노동자들에 대한 근본적인 인식은 여전하였다. 복지는 당시에 사회에 필요한 것 즉, 노동계급의 재생산 그 이상도 이하도 아니었다. 물론 당시에는 자본주의가 분화되고 있었지만 자본의 양은 소수에게 독점되던 시기였다. 자본주의 발달에서 반드시 겪어야 하는 것은 독점 자본주의화였다. 그에 따라서 국가와 자본의 연합 세력들 특히 금융자본의 지배력이 본격화되면서 제국주의 길로 들어섰다.

복지국가는 사회권이 발달하면서 들어섰다고 인정받는다. 마샬(T.H Marshall)은 영국을 모델로 해서 사회권의 발달을 설명하였다. 사회권은 프랑스 혁명과 더불어 나타났던 시민권(civil rights)과 19세기 초반부터 일어났던 정치적 권리(political right)인 보편 투표권의 확보에 이어 등장하였다. 사회권의 발달은 근대 국민국가의 발전 속에서 전쟁 이후 전쟁에 참여했던 남녀의 노동자들이 자신들의 권리를 본격적으로 주장하면서 등장했다.

사회권의 핵심은 복지를 경제 차원에서 접근하여 그 이전에 지극히 개인적인 차원까지도 인간다운 삶을 보장해주려고 하는 곳까지 확대된 것으로 행복, 삶의 질 향상을 통한 복지국가를 가능하게 하는 것이었다. 삶의 질에 관해 인간답게 살 수 있는 권리를 외치는 것은 주관적인 요소에 해당한다. 행복은 그것을 가장 잘 설명해주는 용어일 것이다. 이미 기본소득을 이야기할 때 언급했지만 물질적인 조건이 충족되지 않는다면 행복을 느끼기 어렵다는 것이 많이 연구되었다고 한다. 빈익빈 부익부 현상이 발생하면 실제로 돈이 없어서가 아니라 돈을 많이 버는 사람과 차별을 느끼기 때문에 불행을 느낀다고 한다. 기본적으로 복지를 제공한다는 것은 그에게 충분히 곤란을 겪지 않을 만큼을 시민에게 제공하는 것을 의미한다. 그때 행복의 조건은 복지의 아버지인 비버리지 경이 1942년 비버리지 보고서를 발표했을 때 다섯 가지로 요약 정리되었고 지금까지 활용되고 있다. 핵심은 위험에 대처하는 것이었다.

영국에서 사회문제 5대 악이 드러난다. 궁핍, 질병, 불결, 무지, 그리고 나태였다. 이것을 극복하기 위해서 순서대로 소득보장, 의료보장, 주택정책(공중위생), 교육정책 그리고 고용정책을 펼쳐서 5대 악을 제거하는 것이 필요했다. 이때 비버리지 보고서에서는 거인(giants)으로 표기되어 있는데 영국의 설화에서는 아이들을 납치해서 삽아먹는 거인들 이야기가 많이 등장한다. 거인이란 표현도 은유적으로 그만큼 해로운 거인을 복지라는 부분에 은유적으로 표현한 것으로 보인다. 아무튼, 기존 복지에 관한 많은 이야기가 다섯 분야에 대한 복지정책을 다루었지만 나는 그것을 넘어서 총체적으로 접근하고 더 광범위하고 더 깊게 소위 말하는 포괄성과 보편성 그리고 적절성과 소득재분배 효과를 누릴 수 있는 정책을 지속적으로 이야기해왔다. 이런 모습을 하고 복지국가는 20세기 최고의 호황기를 누렸다. 국가는 거대해지고 복지 분야는 확대되었다. 모든 사람이 "요람에서 무덤까지" 복지의 수혜자가 될 정도였다. 그러나 시대가 바뀌면 경제도 바뀌고 경제가 바뀌면 사람들의 마음도 바뀐다.

20세기 복지 확대 과정에서 중요했던 요인으로 경제성장을 들 수도 있지만, 그보다 지출의 대상이 달랐던 데서 중요 요인을 찾을 수 있다. 즉, 1차와 2차 세계 대전을 겪으면서 늘어났던 국방비가 많이 줄어들었다. 도널드 트럼프가 미합중국의 대통령이 되었을 때 가장 많이 비판했던 것 즉, 외교의 핵심 고려의 대상이 되었던 것은 미군이 주둔하고 있는 지역에서 국방비의 비중이었다. 국방비의 비중이 감소한 것과 복지비가 증가한 것에는 상관관계가 있다. 전쟁이 없는 상태가 유럽에서 복지 비중이 늘어나는 데에 기여한 것이다. 1970년대 이후 신자유주의와 신보수주의가 등장했을 때 복지국가에 대한 국민의 의문이 발생했던 국가는 복지를 제대로 하지 않고 그때까지 군사비가 계속 증가했던 미국과 영국에서였다. 물론 복지국가의 방만한 경영을 감싸주고 싶은 생각은 없다. 그럼에도 군사비를 줄이지 않은 채로 복지를 유지하려고 한 곳에서는 문제가 발생했었다. 그만큼 군사비 지출의 증가는 복지비 증가에 가장 큰 장애였다. 우리나라 군사비를 줄이자고 하는 이야기가 아니라 유럽에서 전쟁이 사라지고 평화가 도래하자 복지에 대한 투자가 증가할 수 있는 예산상에서의 여건이 있었다는 점을 밝히고자 한다.

국가를 둘러싼 환경의 변화인 국제관계에서의 변화는 경제성장에서도 중요한 역할을 하였다. 2차 세계 대전 이후 미국의 마샬플랜은 유럽 부흥에 이바지하였다. 동시에 미국의 자본과 물자가 유럽으로 흘러 들어가고 미국 중심의 국가 분업이 경제 전반에 걸쳐서 전환적으로 일어나던 시기였다. 1945년 수립된 브레튼우즈(BrettonWoods) 체제는 국제질서의 변동이 패권(hegemony)과 같은 통상적인 국제정치 수준에서의 변수가 아니라 근본적으로 '국가-사회', 또는 '경제-사회' 관계에 대한 규범적 인식의 변화에 기인했다.

브레튼우즈 체제는 기본적으로 자유주의 이념에 바탕을 두면서도 국가의 적극적인 경제개입과 사회적 약자에 대한 국가의 책임을 강조하였다. 신자유주의가 등장하면서 해체된 브레튼우즈 체제는 미국의 팍스 아메리카와 냉전 속에서 확고하게 자리를 잡았다. 사실 19세기 영국의 패권 하에서 탄생한 신념이며 국가는 최소한의 개입을 통해 방임적으로 존재해야만 한다고 믿었던 고전적 자유주의 질서는 시장의 효율성과 자기 완결성에 대한 믿음을 기초로 시장의 논리에 국가와 사회를 종속시켰다. 금본위제를 주축으로 한 국제적인 자유무역의 확대는 이러한 인식에 바탕을 둔 고전적 자유주의 질서의 핵심적 특징이었다.

하지만 20세기 초반 대공황과 1차 세계 대전 그리고 잠시

휴식기를 거쳐 2차 세계 대전으로 이어지는 일련의 정치 경제적 변동은 자유주의 이념에 의해서 움직이는 시장과 그에 따른 국가 간 충돌 가능성을 내포했던 국제질서에 대해서 회의를 낳는 계기가 되었다. 그 결과 탄생한 브레튼우즈 체제는 시장의 효율성에 대한 신념 대신, 오히려 시장을 제약하고 무엇보다 복지정책으로 대표되는 사회적 요구에 시장을 종속시킬 필요성을 느끼고 있었던 세계인들의 인식을 배경으로 한 것이었다.

케인즈주의는 이러한 새로운 인식을 대변하는 이념이었고, 전시경제에서 일상화된 국가의 경제개입과 노동 대중의 전쟁 동원을 위해 활용된 복지와 사회보장의 약속은 국가와 경제, 경제와 사회 사이의 관계를 근본적으로 재정립하도록 하는 정치적 계기였다. 즉 전쟁 속에서 억압된 노동자들의 희생과 후방에서 폭격의 피해를 받거나 남성 대신 공장과 일상에서 허드렛일을 다 극복해 냈던 여성들의 희생 위에서 작동해 온 자본주의 시장의 위험으로부터 국가가 극우로 확대되는 것을 방지하고 국가 사이에서 충돌을 예방하는 국가 사이 전면적 상호 의존 체계를 만들려고 하였다.

이렇게 탄생한 브레튼우즈 체제는 '자유무역-복지국가-자본통제'의 세 축을 통해 안정된 국가와 국가 사이 국제질서를 고착시켰다. 이러한 삼각 구도는 국제적인 수준에서 자유주의 질서를 상징하는 자유무역이 사회적 약자의 보호와 복지 제공이라는 국내정치적 조건이 전제되지 않고서는 불가능하고, 자유무역의 국내정치적 조건을 충족시키기 위해서는 자본 통제로 대표되는 시장에 대한 규제가 필수적이라는 인식에 바탕을 둔 것이었다. 어떠한 속박으로부터도 자유로운 시장 질서를 보장함으로써만 국제적인 자유무역이 가능하다고 본 고전적 자유주의 질서와 달리, 브레튼우즈 체제는 시장을 속박함으로써만 국제적인 자유무역이 가능하다는 인식의 전환을 대표하는 것이다.

이 속에서 노동자와 노동자들을 위해서 움직일 수 있는 거대한 노동조합, 노동조합과 사회민주당 등이 연계하면서 그 이전 약자를 위해 국가가 공적으로 부조를 해주는 것이 아닌 일반인들까지 자신들의 보호를 국가에 요구하기 시작했다. 자본주의 체제에서 보호는 일자리를 잃을 때, 생존에 필요한 것을 상실할 때 요구되었는데 이것이 경제에서는 실업에 대한 위험을 예방하는 것과 일상에서 노동자들이 재생산할 수 있는 여건을 마련해주는 것이었다.

한국에서도 반값 등록금, 무상급식, 고교 의무 교육 등 많은 복지 논점들이 제안 초기에는 급진적이었다고 생각되었다. 무상급식이 경우 2002년 대선에서 민주노동당의 대선 후보였던 권영길이 대선 공약으로 내세우면서 논의가 시작되었다. 이전 가족, 친지, 공동체, 종교단체, 동업조합 등 지역사회의 힘으로 보호받던 이들이 국가에 의한 제도적 개입을 통해서 보호를 받기 시작하였다. 흔히 잔여적 복지라는 말로 전자가 일컬어졌다면 후자는 제도적 복지로 일컫는다.

자본주의가 변화할 때 복지국가의 모습도 늘 따라서 변화했다. 복지국가 모습의 변화는 복지에 관련된 제도 변화로 드러났다. 예를 들어 빈민이 많아지면 빈민 대책 효과가, 여성에 대한 보호가 필요하면 여성을 보호하기 위한 제도가 만들어진다. 이유는 단 하나의 개인에 대한 보호가 필요해서가 아니라, 특정한 집단을 위해 보호가 필요한 경우는 구조적인 요인에 의해서 그 현상(요구가)이 발생하기 때문이다.

구조적인 요인은 구조적인 변화에 따라 발생한다. 어떤 제도가 시민을 보호하기 위해서 수립되었는지를 살피면서 제도 변화를 찾아볼 수 있다. 물론 지역마다, 국가마다 복지의 내용이 다르다. 사회구조가 다르기 때문인데 이는 환경의 차이에서 발생하고 그에 따라서 전통적으로 내려오던 사회의 습속이 다르기 때문이다. 거시적으로 빈곤을 해소하는 문제에서 시작한 유럽과 달리 동양에서는 국가가 오랜 기간 유지되어 왔기 때문에 아래로부터의 변화에 대응하는 개념이 아니라 변화 없는 농경 사회 속에서 전제 왕권이 지배하던 국가에 의해서 주도되었다. 근대에 들어와서 자본주의와 산업화에도 국가 중심으로 진행되었던 것은 국가 중심 구조가 있었기 때문이다. 또한, 아래로부터 자발적 근대화가 아닌 위로부터의 근대화 추진이었기 때문에 시민사회의 성숙에 의한 사회적 논쟁을 거치기보다 국가를 지배하는 엘리트 중심으로 보편질서로 구축되는 복지제도가 도입되기도 한다.

이런 다양한 국내·외의 요인들이 작동하여 복지국가의 제도 형식은 일반적으로 수렴하지만, 범위와 깊이 그리고 내용은 국가마다 다르게 형성된다. 복지의 외형인 총론에서는 모양이 비슷해지는 동형화가 나타나지만, 내용을 채우는 각론에서는 국가와 사회 그리고 지역마다 다르기에 복지제도가 층위별로 달라질 수밖에 없다. 예를 들면, 한국에서 복지전달체계가 효율적으로 움직인다고 보는 시각에 따르면 경제 성장기에 한정된 자원을 경제성장에 투자해야 했던 발전국가에서는 복지를 시장에 맡겨두는 경향이 강했다. 5대 악을 제거하는 과정에서 국가보다 민간과 시장의 역할이 강한 이유도 여기에 있다. 그리고 국가의 개입이 강화되면서 일종의 하이브리드 복지제도가 다양화되고 있어 해당 영역에서 기존 시장의 이익 주체들에 의한 강한 반발이 일어나기도 했다. 유치원 3법의 입법과정에서 드러난 사회적 갈등이 대표적인 예라고 할 수 있다.

복지에 관련해 늘 많은 논쟁이 있었지만, 복지국가는 변하고 있고, 앞으로도 변할 것이지만 복지국가의 역할에 관한 기본 틀은 바뀌지 않을 것 같다. 시대에 맞추어 복지국가의 틀을 좋게 바꾸기 위해서 미래 시대에 필요한 아젠다를 진취적으로 제시하는 것이 필요하다. 기본소득은 미래를 대비하는 복지국가의 한 부분이다. 그런 의미에서 복지국가 역할 확장에 이바지할 것이다.

미래에는 현재 복지국가가 제공하는 많은 혜택을 넘어서는 더 다차원적인 복지국가의 틀이 만들어지게 되어 많은 우리 시민들이 급격하게 변화하는 사회에서 불안에 떨지 않고 안정적으로 변화에 대처하기 위해 자신을 계발할 기회와 자원을 제공받을 것이다. 복지국가의 확장이 단순히 공무원들을 늘리고 국가 부담을 지우는 일로 끝날 것이 아니라 제대로 된 역할을 부여받고 그에 따라 기능하는 것이 필요하며, 이것이 제도의 변화로 이어지고 복지국가의 변화로 이어질 것이다. 오래전부터 복지국가의 미래는 약자를 구제하는 것과 경제를 살리면서 자본주의가 낳은 폐해를 극복할 수 있는 기능을 담당할 것이라고 이야기해왔다. 지난 저서에서 가처분 소득을 주장했던 것도 이와 같은 요인 때문이다. 자본주의는 늘 새롭게 바뀌고 있지만, 본질은 변화한 적이 없다. 복지국가도 외형은 바뀔 수 있지만, 본질은 변화할 수 없다. 복지국가는 제도로 시민들의 삶에 개입하고 보편적 권리와 인권을 향해서 움직인다.

2. 복지제도의 보편성과 특수성의 요인

1) 제도의 본질

① 변화를 내재한 제도

국가와 제도의 관계는 바로 직전에 서술한 책에서도 언급했다. 국가는 제도를 통해서 시민들이 일상에 개입하고 시민들은 그것을 반대로 받아들이고 혹은 거부하면서 제도의 변화를 이끈다. 이 제도가 일반 사람들까지 무의식중에 받아들이고 행동하게 된다면 그것은 문화가 된다. 한국에서 부동산정책의 실제적 효과가 여태까지 실패했던 이유는 국가와 제도의 관계에서 개인 시민들의 선택에 대한 예측에 실패했기 때문이었다. 제도의 특성 중에서 제도와 조직 관계를 살펴보면서 제도가 왜 이렇게 잘못된 모습으로 사회에 뿌리를 내리는지를 검토해볼 예정이다.

부동산정책의 변화 과정을 제도와 조직의 관계에서 파악한 지난번 경기도의회 발주 연구 용역에서 언급된, 노벨경제학상을 수상했던 더글라스 노스의 제도 이론이 흥미로웠다. 더글라스 노스 (Douglass North)의 제도 변화 이론은 제도와 조직 사이의 관계가 제도 변화를 이끌었다고 설명했다. 한국에서 부동산정책의 변화는 결국 부동산정책을 담당하는 조직과 다른 조직들 사이 형성된 카르텔의 이해관계에 따라서 변화했다고 생각한다. 국가 정책을 담당하는 이들이나 그 정책을 통해서 이익을 얻었던 이익단체 조직들과 그들이 세운 연구소 등이 정책 결정자들의 눈을 가리고 자신들이 이익에 따라서 움직여 만든 결과로 등장했다. 물론 세대를 뛰어넘은 부동산에 대한 인식도 현재의 부동산정책을 만드는 데 자신들의 역할을 해왔다. 그만큼 제도, 문화, 조직은 늘 변화를 추동하는 힘이다. 부동산정책의 변화 과정은 민주주의 국가에서 국가의 정책의 방향을 이끄는 정치조직과 이를 수행하는 관료조직의 상호작용, 민간 조직(회사 포함) 그리고 시민들과의 연결을 통해서 이뤄진다는 점에서 제도 변화의 행위자와 그들이 소통하는 구조를 이해할 필요가 있다고 본다.

○ North의 제도 변화 이론 5개 명제

- 첫째, 제도와 조직의 부단한 상호작용과 경쟁이 제도 변화의 동인이다.
- 둘째, 경쟁에서 생존하기 위해 조직과 구성원들은 기술과 지식에 투자하며, 이러한 투자 결과 조직구성원들이 얻는 기술과 지식으로 인해 인식이 바뀌어 제도가 변화하는 경향이 있다.
- 셋째, 기술과 지식에 대한 투자에 있어 최대의 수익 확보가 투자의 유인과 방향을 결정하는데 이에 영향을 주는 것이 현존하는 제도이다.

- 넷째, 인식은 조직구성원의 심리적 구인(mental constructs)으로 형성된다.
- 다섯째, 제도 변화는 점진적으로 일어난다.

North의 제도 변화 이론은 제도가 목표를 언제나 달성할 수 있는지를 판단하는 것보다 제도가 변화하는 요인에 초점을 두고 연구를 진행한 것이다. 한국에서 제도 변화 즉 복지국가의 제도 변화는 조직들 사이의 상호작용과 문화로서 사회구조가 작동하는 틀 안에서 이뤄졌다. 이 부분에서 구체적인 변화 과정을 다루는 경로 의존을 이해한 것은 흥미로웠다.

② 경로 의존

우리 사회에서 부동산정책은 여러모로 비슷한 정책이 계속 만들어지고 시장에 의존적이면서 시장 지향적 정책으로 수렴하고 있다. 많은 정부 정책이 비슷하고 정해진 틀을 벗어나지 못하고 있는 모습에 대해 경로 의존 방식으로 설명하려고 한다. 보수 정부나 진보 정부 막론하고 심지어 독재 시절의 정부에서도 시장 중심의 정책을 펼쳐왔다. 그 배경에는 신흥 근대화 국가로서 국가 리더십으로 경제성장을 이끌면서 만들어진 국가 신화와 개인적으로는 아무리 경기가 침체되었다가도 부동산이 가장 성장했다는 한국인들의 경험 등이 만나 경제의 한 부분으로 어우러져 형성된 것이다. 이번에는 정책을 다루고자 하기 때문에 경로 의존을 좀 더 자세하게 고찰하려고 한다. 사회학을 공부한 사람으로서 한 사회정책의 요인이나 결과에는 여러 차원의 요인들이 영향을 미친다. 해당 영역을 넘나들면서 요소들이 하나의 영역에만 머무르는 것이 아니라 다른 영역의 요소들과 서로 깊게 상호 연관되어 제도가 만들어지고 그 제도에 영향을 받는 사람들에 의해서 받아들여지도록 이끌었다는 점을 총체적인 접근이라고 이야기하였다.

경로 의존은 일의 전 단계가 다음 단계에 영향을 미치는 개념으로 사용하는 것이며 하나의 선택이 일어나면 다음에 그와 같은 선택을 지속하여 그 선택이 계속 일어나는 것을 뜻한다. 즉 이전 경험이 매우 중요한 요인이 된다. 한 번의 경험은 다른 선택지에 영향을 미치기도 하지만 다른 경험과 결합되어 새로운 방향으로 이끌기도 한다. 경로 의존에는 새로운 방식의 제도 변화가 나타나는 과정도 포함한다. 제도주의 이론에서 나타나는 경로 의존은 재생산과 강화, 새로운 제도에 의한 대체, 그리고 파국(사라짐)의 세 가지 결과를 보여준다(Pierson, 2000).

경로 의존에는 변수와 시간이 중요하며 변화의 선택에 서 있을 때 당시 사회구조와 행위자들의 선택이 연계되어 특정한 결과가 나타나도록 결정하였다(하연섭, 2006). 이때 어떤 하나의 요인이 결정적인 터닝포인트는 될 수 있지만 조건 없는 터닝포인트는 없고 사회구조와 환경이 무르익었을 때 일어난다. 한국에서 부동산정책과 복지 관련 사회정책들이 시장중심과 국가중심에서 혼재되어 시너지를 일으키는 것이 아니라 병렬적으로 존재하는 기이한 현상이 나타난 것은 시민사회보다 국가의 힘이 훨씬 강력했으나 국가 자체로서는 정책을 입안하고 국민이 잘 따르도록 만드는 힘인 하부구조 권력이 약했기 때문에 일어난 현상이었다(문상석, 2021). 겉으로 강한 척하지만, 실제 힘은 없는 국가, 강력한 힘으로 통제하려고 하지만 실제 통제가 잘 일어나지 않은 국가의 전형이었다. 전제 왕권 국가에서 완벽한 통제는 거의 일어나지 않았던 것이 비슷한 역사적 사례라고 할 수 있다.

그림 1은 초기조건이 비슷함에도 주요 국면 즉, 선택의 시점에서 개인들이 어떤 선택을 하는 가에 따라 결과가 다르게 나타남을 보여주고 있는 것을 나타낸다.

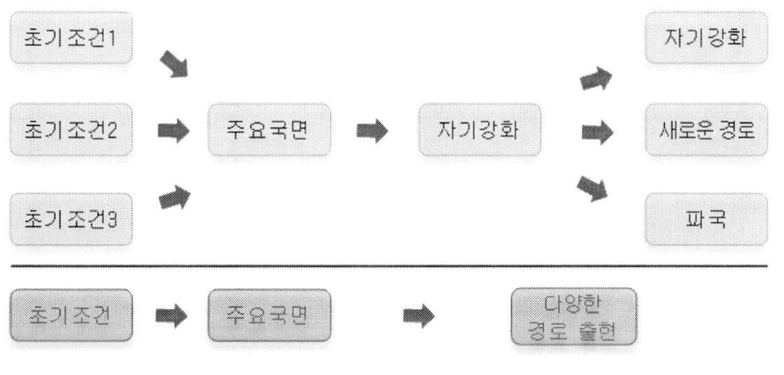

그림 1. 경로 의존 과정

그림 1에서 맨 아래를 차지하는 화살표는 다양한 경로가 출현하는 것을 나타낸다. 자기강화, 새로운 경로를 만들거나 파국 즉, 망해서 없어지는 경로가 있다. 현재의 복지와 부동산정책은 사실은 이런 경로를 따라서 발전해왔다. 한국인들은 근대 이전에는 공동체를 통해서 복지 문제를 해결하였다. 근대화 시기에도 국가는 한정된 자원을 산업화에 투자해야 했기에 많은 자원을 민간에서 끌어다 쓸 수밖에 없었다. 이것은 일반 국민이 자원을 모아서 자신들의 미래를 대비하게 했다. 이 시기 많이 만들어진 것이 신용협동조합과 같은 민간 분야의 복지 투자였고 노동조합이나 지역의 사적 모임을 통해서 자원을 모으고 미래를 대비하는 일들이 많았다. 이 과정에서 부동산은 전형적인 미래 대비 투자처였고 복지는 소속 집단에 의해서 보호받는 수준에만 머무르게 되었다.

한국에서의 복지가 소속 집단에 의한 경로 의존이었다면, 부동산 경로 의존은 좀 더 복잡하며, 다층적으로 변화를 거듭했다. 그러나 시장 지향적인 부동산정책은 더욱 강화되고 있다. 민간 부설 연구소(건설기업 부설 및 이익단체 중심)의 공급 주의 정책, 공무원 관료 집단, 그리고 언론의 역할은 부동산 시장을 늘 시장 중심 정책으로 수렴되도록 만들어온 것이다. 아래 그림은 위의 설명을 더 직접적으로 해주는 것이다. 정책이나 개인들의 선택에서 경로 의존이 발생하는 가장 큰 이유는 '아까워서'이다. 내가 해 놓은 투자가 얼마인데 하는 접근 방식이다. 그림2에서는 초기조건과 선택 시점에서 달라지는 경로와 경로의 이동 방향을 보여주고 있다.

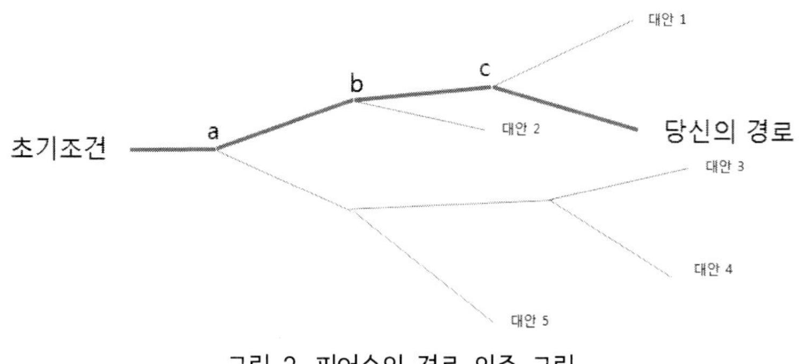

그림 2. 피어슨의 경로 의존 그림

그림 2에 등장하는 a, b, c는 모두 선택의 시점을 의미한다. 선택의 시점에서 행위자들이 이전의 경험과 그 시점에서 작동하는 다양한 사회구조에 의존하여 선택한다. 이전 경로에서 벗어나지 않는 선택이 주로 발생하는데 처음 a에서 선택을 바꾸는 비용보다 기점 c에서 선택을 바꾸는 것이 더욱 어렵다. '아까워서'이다. '아까워서'가 작동하는 원리는 수확 체증 (Increasing Returns)의 법칙이다.

두 명의 치과 의사가 있다. 한 명은 병원을 개원해서 열심히 저축하고 술·담배도 하지 않고 성실하게 돈을 모았다. 다른 한 명은 서울 강남의 유명한 역 근처 큰길 뒷골목에 5층짜리 작은 빌딩을 빚을 내서 샀다. 10년 뒤 성실하게 자신의 노동을 통해서 돈을 모으고 저축하고 그 돈으로 아파트를 산 치과의사와 빚을 내서 빌딩을 산 사람의 운명은 바뀌었다. 둘이 같은 대학교를 나오고 같은 병원에서 훈련 과정을 겪었다고 할지라도 그들의 삶은 확연히 달라진다. 그렇다면 처음 성실하게 노동하고 돈을 저축하였던 의사는 부동산 투자를 할 것이다. 두 번째 의사도 계속해서 부동산 투자를 할 것이다. 물론 그 둘 모두 치과는 계속 운영할 것이다. 그렇지만 치과에 투자하는 것보다 더 큰 보상이 따르는 것을 안다면 치과 병원은 일종의 보험으로 안전하게만 운영하고 다른 것을 통해서 보상을 크게 받으려고 할 것이다.

다른 예를 하나 들자, 2018년에 코인 열풍이 불었다. 2021년에는 부동산과 주식 열풍이 불었다. 아파트를 가진 사람도 삼성전자 주식이 없으면 우울함을 느낀다는 소리가 들리곤 했다. 빚을 내서 아파트와 주식을 샀던 사람들이 많다. 1년 뒤 부동산은 오르고 주식은 떨어졌다고 가정하자 그러면 부동산을 산 사람은 계속 부동산을 사고 주식을 산 사람은 부동산에 투자처를 옮길 것이다. 두 곳 모두에 투자한 사람은 비중을 줄이려 할 것이다. 경로 의존 그림에서 가장 중요한 것은 자신의 경험이다. 그리고 현 상황에서 작동하는 사회구조. 그중에서 물질주의는 이 사회에서 가장 강력한 사회구조가 될 것이다. 즉 물질적 보상이 가장 큰 것을 선택하는 경로가 계속 생긴다면 사람들에게 이 경로 의존을 깨트리는 것을 보여준 후에서나 부동산에 대한 신화가 깨질 수 있다.

정책도 마찬가지다. 이미 변양균 전 실장의 저서를 다루면서 지적했듯이 정치가들도 집권하고 경제가 제대로 작동하지 않으면 부동산을 통해서 경제를 활성화하려고 하는 유혹에서 벗어나지 못하는 이유가 여기에 있다. 부동산정책을 통해서 돈이 흐르면 경제가 조금 나아진다. 일확천금을 번 사람은 씀씀이가 좋아지게 되고 자신의 자산 가치가 있으면 소비 진작에도 유리하다고 생각하기 때문이다. 보상은 일정하게 작동한다. 누구나 예측하기 어렵다. 그러나 내가 투자한 금액보다 훨씬 더 큰 금액으로 보상이 오면 사람들은 다음에도 그것을 선택하고 그 방법은 계속해서 사람들의 선택을 받게 된다. 수확 체증의 법칙이 선택의 시점에서 작동하고 부동산 시장에서 정부정책과 연결되어 작동할 때 부동산정책은 시장 중심에서 벗어나지 못하고 가격은 계속 오르게 된다.

2) 제도변화 요인과 과정

제도 이론에는 동형화 및 이형화라는 개념이 있다. 동형화는 제도가 비슷하게 수렴해가는 과정을 의미하고 이형화는 제도가 분화되어 서로 다르게 발전해 나가는 것을 의미한다. 제도가 비슷해지는 이유와 제도가 다르게 변화하는 이유는 여러 가지 있겠다. 이것도 경로 의존과 더불어 다루어 볼 예정인데 우리나라의 복지가 독특한 것과 세계의 다른 나라들과 비슷하게 수렴하는 것을 다루어 볼 예정이다. 제도가 다른 국가와 비슷하게 작동하는 이유는 국가의 시스템이 비슷하고 세계화 시대에 국가가 개입하는 방식이 조직과 결사를 중심으로 이뤄지기 때문이다. 한 나라만의 힘만으로 제도가 움직이는 것이 아니라 다른 나라에서 성공한 정책을 우리 정부에서 참고해서 비슷하게 가져오고 그것이 어떻게 작동되어 정책의 목적을 달성할 것인지를 고민하고 정책에 입안하게 된다. 그 과정에서 제도의 동형화가 일어난다.

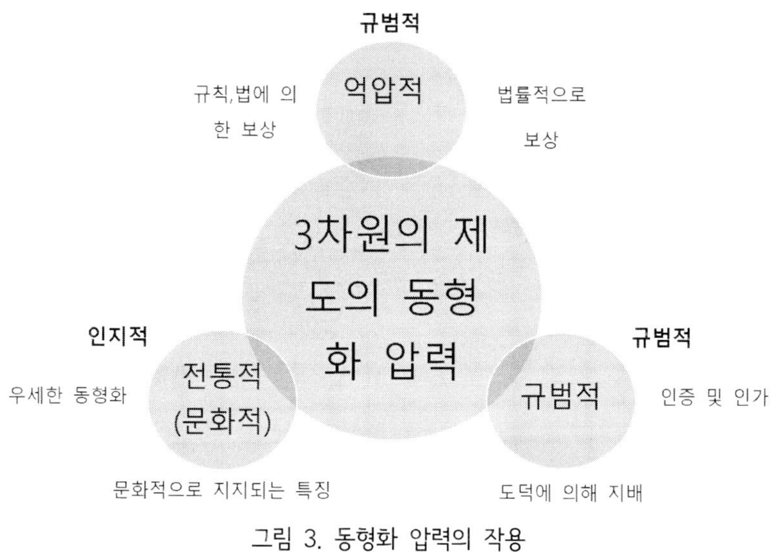

그림 3. 동형화 압력의 작용

한 사회의 문화요인과 규범적인 차원의 압력, 국가가 제도로 가하는 압력 등은 제도의 동형화가 일어나도록 작동했다.

이 그림을 한국의 부동산과 복지정책에 적용한다면, 국가의 제도, 그리고 문화적으로 한국인들이 한국의 경우 서구와 다른 문화와 역사적 배경으로 형성된 부동산 불패 신화가 오히려 부동산정책에 영향을 크게 미치고 있다. 이로 인해 서구와 다른 방향의 경로 의존이 발생하여 이형화되고 있다. 한국에서 부동산에 관한 국가개입이 많으나 결과는 국가가 원하는 목적과 반대로 시장 친화적인 정책이 양산되고 이익은 소수가 피해는 다수가 보는 구조가 고착화되었다. 그로 인해 제도의 효과성이 떨어지고 제도의 목적과 다른 결과가 발생하여 부동산정책에 대한 불신이 높아지고 있다.

지난 경기도의회 용역 연구는 유럽과 한국의 부동산정책을 다루는 것이었다. 결과 그림 4에서 작동하는 모델이 우리와 다른 유럽의 경험을 형성하게 만들고 유럽의 제도가 한국에서 작동하지 못하는 과정을 보여주고 있었다. 특히 경로 의존에서 한국의 수직적 정부 구조는 시민과 전문가 참여의 동기를 약화하여 시장에 의존적인 정책만을 양산하도록 만들었다는 보고가 있었다. 이를 토대로 보면 유럽에서 보면 부동산정책이란 것은 금융에 관한 부분 특히 조세 관련 부분이 많고 주거 혹은 주택정책으로 공공서비스의 성격을 띤 정책이 많았는데 우리는 부동산정책을 하나의 전체 틀로 잡아서 모든 부동산을 아파트(주택) 관련 정책을 통칭하는 용어로 사용한다는 점에서 제도가 서로 다르게 작동하는 것을 알게 되었다.

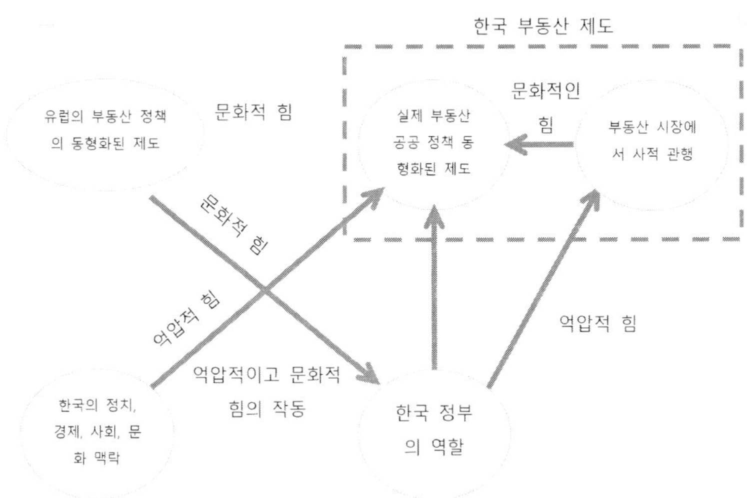

그림 4. 부동산정책의 동형화 혹은 이형화 과정에서 요인들의 역할

국가의 정책이 다른 국가들의 정책과 비슷해지거나 다르게 분화되어 발전하는 과정에는 정부 신뢰도도 포함된다. 국민의 정부 신뢰는 정부 정책 신뢰로 이어져 정책 목표 달성에 중요한 요소가 되기 때문이다. 정부의 신뢰도가 낮은 경우에는 다른 국가들의 정책이 그대로 받아들여지는 경향이 있다. 우리나라 정부보다 다른 나라 혹은 선진국의 정책이 더 낫다는 판단이 있을지 모르겠다. 그런데 조사해보니 중앙정부의 정부 신뢰도는 생각보다 높지 않았다.

정부에 대한 신뢰도는 대체로 낮은 수준에 머물러 있어 한국과 유럽이 큰 차이가 드러나지 않았다. 따라서 정부 정책에서는 지방분권이 오랜 지역이나 복지가 잘 정비된 지역에서의 지방에 대한 혹은 특화된 서비스에 대한 정책에 따라 신뢰도가 높게 나타났다. 이에 중앙정부의 권력을 기능 중심으로 재편하고 대부분의 권력을 지방에 이전하는 지방분권을 통한 지역 중심의 복지와 부동산정책을 수립하고 시행하여 시민을 위한 복지제도를 발전시키고 시민들의 신뢰를 확보할 필요성이 있어야겠다.

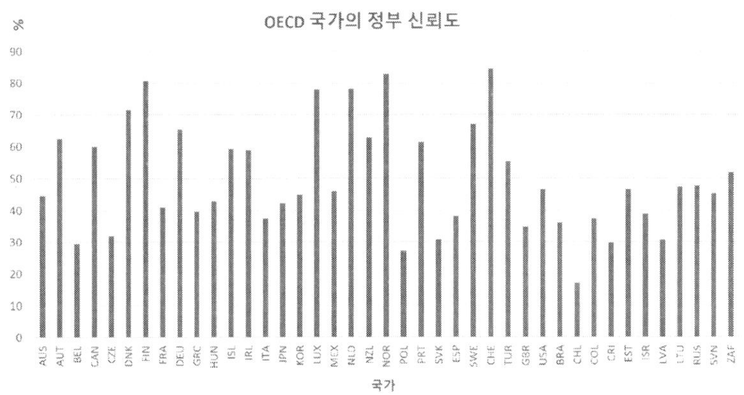

그림 5. OECD 국가의 정부 신뢰도

표 1. OECD 국가의 정부 신뢰도(백분율)

국가	OECD 평균	핀란드	뉴질랜드	덴마크	스웨덴	독일	오스트리아	포르투갈	캐나다	아일랜드	미국	한국	헝가리	일본	프랑스	그리스	스페인	이탈리아	영국	폴란드
평균	45.00	80.86	78.07	71.58	67.11	65.41	62.62	61.47	60.04	58.81	46.49	44.83	42.87	42.34	41.04	39.75	38.18	37.45	34.70	27.31

사회학에서 흔히 말하는 사회구조는 행위자인 국민의 행동과 사고방식에 영향을 미치는 방식으로 개입한다. 문화와 제도는 사회구조를 지탱하는 것으로 경로 과정에서 행위자의 선택에 중요한 근거를 제공하며. 경로의 진행 선상에 있는 행위자가 선택의 국면에서 부동산정책 관련 제도 도입에서 제도의 방향성을 결정하고 효과성을 고려할 때 사회구조를 이해하는 작업이 필요하다. 사회구조와 선택에 따른 경로 의존이 각국에서 나타나듯이 중앙정부와 지방정부 사이 정책과 제도에 의한 수렴 현상이 나타난다. 제도가 비슷하게 수렴해 나가는 동형화가 계속 일어나고 있으며 지방 정책은 도시재생과 개발에 중앙정부의 제도는 조세제도와 주택공급에 관한 정책을 중심으로 하는 업무의 분업도 다른 나라들과 비슷하게 구조화가 되어 있다. 얼마만큼의 배타적 업무분장이 지방과 중앙정부 사이에 존재하는가 하는 것이 중요하다.

정당은 정책 영역에서 일어나는 갈등의 주 당사자이며 서로 다른 정당 사이 갈등과 국민 여론은 다른 차원에서 분석될 수 있다. 제도 이론에서는 정당과 정치조직을 한 분석 대상으로 삼고 있으며 국민 여론은 다른 분석 틀로 정리하고 있으며 정당과 국민 여론의 상호 관계 속에서 새로운 제도가 도입되거나 기존 제도가 재생산되거나 강화 및 약화도 이 틀에 따라서 이해할 수 있다.

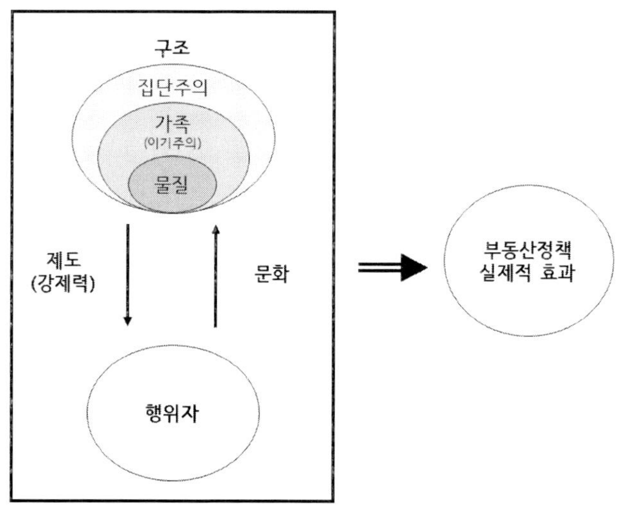

그림 6. 제도와 층위별 구조의 상호작용이 미치는 정책 결과

그림에서 보면 정책이 실제 현장에 받아들여지는 과정을 알 수 있다. 한국인들을 둘러싼 동심원 구조는 가장 안쪽에 물질주의가 있다. 물질주의 즉, 물질 획득이 인생의 목표가 되어버린 것이다. 가족과 집단은 한국인을 지배하는 다른 사회구조이다. 그럴 때 제도의 강제력이 행위자에게 작동하고 행위자들의 선택이 자발적으로 일어날 때 문화의 수준에 도달한다. 문화와 제도는 사회구조를 행위자에게 전달하고 새로운 사회구조로 재생산되거나 보충, 보완되어 기존의 경로를 탄탄하게 만드는 데 역할을 한다. 그것이 쌓여서 부동산 정책이나 복지정책의 실제적 효과가 드러난다.

대통령 선거, 국회의원을 뽑는 총선거 그리고 지역의 일꾼을 뽑는 지방선거가 다가오면 많은 정책이 쏟아진다. 대동소이한 정책들이 양산되는 것은 여러 요인이 작동한 결과이지만 정책이 만들어지고 그것이 받아들여지는 과정을 들여다보고 새로운 미래를 위한 아젠다를 제시하고 그것에 맞추어 정책을 만들어가는 과정이 필요하다. 급변하는 국내외의 정세에서 새로운 대한민국을 건설하는 것은 미래를 담당하는 이들을 위한 틀을 제공하는 것과 동시에 과거 성장을 이룩한 세대에 대한 보호를 기반으로 한다. 복지는 경제고 그 차원에서 다루어져야 하며 이슈는 큰 흐름을 잡아주면서 그에 부속한 것들을 하나하나 채우다 보면 거대한 복지제도가 완성될 것이다. 이제 다시 복지국가 논의로 돌아가야 한다. 국민보호를 앞세우면서 성장한 복지제도가 기능하지 못하는 과대성장한 국가가 아니라 효율적으로 움직이면서 모든 국민에게 혜택이 가는 정책을 만들어야 한다. 기존에 잘 조직된 기계처럼 움직이던 카르텔의 저항을 뚫고 새로운 사회를 위해서 다시 복지국가를 논하며 복지국가의 틀 안에서 새로운 미래를 설계하고자 한다.

제2장

복지국가의 발전 과정

1. 자본주의 발전과 복지국가: 공공부조에서 사회서비스로

자본주의 발전은 사회를 근본적으로 변화시켰다. 토마스 모어의 유토피아에서 나오는 양이 사람을 잡아먹는다는 이야기는 많은 삽화로 그려졌다. 사람도 아닌 순한 양이 사람을 어떻게 잡아먹는지를 이야기하자면 엔클로저 운동(Enclosure Movement)을 먼저 이야기해야 한다. 엔클로저 운동은 16세기 이미 영국에서 일어난 하나의 양 키우기 유행을 이야기한다. 지금은 프랑스 벨기엘 정도의 지역이라고 알려 있지만, 당시 유럽에서 신성로마제국의 영토이자 영국 왕의 영지였던 플랑드르 지역에서 모직 공업이 발달하였다. 이에 영국에서 지주들이 식량이 아닌 양을 키우기 위해서 농지를 양을 키우는 목초지로 변경하였다. 그러자 해당 토지에서 소작하던 농민들은 쫓겨나기 시작했다.

농민들이 부랑하게 되면 사회가 혼란해진다. 그들을 통제할 비용도 증가한다. 국가(정치 엘리트)는 그들을 통제하는데 필요한 비용을 지불하지 않으려 하기에 통제할 방법에 대해서 고민하게 된다. 우선 국가는 처벌을 위주로 통제 방법을 제시한다. 헨리 8세 때에만 7만 명 이상의 부랑자들이 처형당했다. 단순히 부랑자였다는 이유였고 부랑하다 3번 이상 체포되면 곧바로 처형되었다. 때리고 귀를 자르고 처형하는 일이 영국에서 계속 일어났던 것은 부랑자에 대한 인식 때문이었다. 부랑자는 거리를 떠돌아다니는 사람들이었고 잠재적으로 범죄자였다. 그래서 토마스 모어는 유토피아에서 당시 영국 농민들과 배회하던 부랑자들의 삶에 대해서 비판적이었다. 처음 기본소득을 이야기했을 때 토마스 모어의 유토피아에서 기본소득을 제공하는 것을 이야기한 적이 있었다. 토마스 모어는 불평등이 극에 달했던 당시 영국의 모습과 정반대의 나라를 그리면서 당시 영국의 현실을 비판했던 것이다. 물론 당시 헨리 8세 치하의 영국에서 직접 비판하는 것은 어려웠다. 그래서 모어는 라파엘이라는 여행가의 입을 통해서 영국 정부의 과도한 엄벌주의를 비판했고 거지, 부랑자, 도적이 증가한 것은 당시 영국의 봉건제도와 새로 도입된 자본주의가 인간을 극한으로 착취하거나 부랑자로 몰아가고 있음을 지적하였다. 결국, 불평등을 비판했던 대법관 모어는 헨리 8세에 협조적이지 않았다가 처형당하였다.

기본소득이 처음 제시되었던 유토피아는 자본주의가 막 성장하여 지금처럼 보호나 정당한 경쟁이 없이 무조건의 경쟁에서 승리하는 자만이 부를 독점하고 모두가 수단으로 인식되던 시기 보호를 주장했다는 점에서 현대사적으로 그 의미가 크다. 영국의 양모 산업은 사실 양모를 소비할 수 있는 계층이 존재했다는 것과 그 계층을 위해서 양모 산업이 발달하고 그 공장에 양모를 제공하고 이윤을 얻기 위해서 이윤추구를 하는 과정에서 엔클로저 운동이 등장했다. 교환이라는 것이 없었다면 그리고 자본주의의 무한 이윤 추구가 없었다면 엔클로저 운동은 없었을 것이고 그랬다면 아마 유토피아도 없었을 것이다.

처음 시작한 것에는 규제가 없다. 당연히 보호도 없다. 어떤 일이 일어날지 모르기 때문이다. 그러다 점차 새로운 시대 새로움으로 인해 미처 대비하지 못하는 문제가 발생하면, 문제를 해결하기 위해 규제하고 제도를 도입하여 사회가 안정적으로 작동하게 된다. 복지국가의 기원이 되는 구빈법이 등장한 것은 헨리 8세의 딸인 엘리자베스 1세 치세 아래였다. 현대의 복지국가도 마찬가지다. 우리가 익숙한 경제 방식이 다른 것에 의해서 대체되거나 전환되는 과정에서 어떤 일이 일어날지 모른다. 기존의 체제에 너무 익숙해져 있으면 변화가 어렵기 때문이다. 미리 그것을 대비하는 것이 필요하다.

자본주의는 국가가 아닌 생산수단을 소유한 사람들만이 실현할 수 있다. 16세기 접어들면서 유럽 대륙에서 물물의 교환이 본격적으로 이뤄지게 되었다. 부족한 곳에 풍부한 물자가 이동하면서 서로 교환하여 이윤을 얻는 상인들이 활동하게 된 것이다. 그 과정에서 자본축적을 한 이들이 본격적으로 자신들의 이윤을 위해서 정치인들과 협력하고 정치인들은 자신들에게 들어올 세수 그리고 세수를 활용하여 군사력을 확대하고 정치 권력을 유지하려고 하였다. 전쟁이 끊이지 않았던 16세기부터 18세기까지 정치인들은 자신들의 권력을 유지하고 자본주의를 활성화하기 위해서 부랑자들을 처벌하고 통제 아래 두기로 했다. 구빈법이 언제 없어졌는가 하는 논의가 있었던 적이 있었다. 학자들이 많은 이야기를 나누었지만, 대체로 빈민을 통제의 대상으로 보아 극소수의 빈민들에게만 말 그대로 극소량의 혜택만 제공하여 굶어 죽지 않는 정도로만 혜택을 제공하는 것은 구빈법으로 본다.

현대에도 많은 이들이 구빈법 시대의 올바른 빈민을 이야기한다. 빈민이란 엘리자베스 1세 때의 빈민으로 구빈법에서 정의한 방식을 사람들이 그대로 받아들인다. 그것은 근로 능력이 있는 건장한 빈민, 근로 능력이 없는 무능력 빈민, 빈민 아동으로 나뉘었다. 당시 5세에서 14세까지 빈곤 아동들이 수공업자에게 알선되어 도제 제도 아래 노동을 착취당하도록 만들었다. 순수한 빈자들은 빈민원에 수용되었으며 근로 능력이 있는 빈민은 구제할 가치가 없는 사람들로 '작업장'으로 끌려가 중노동을 하게 되었고 만일 작업장 입소를 거부하는 이들이 있다면 교화소 혹은 감옥으로 보내어져 일반 범죄자와 같은 처벌을 받게 하였다.

17세기에는 영국 왕실의 수입에 의존하던 국가의 재정이 확대되었으나 잦은 유럽 대륙에서의 전쟁과 군비 확충을 위해서 부르주아의 성장은 필수적이었다. 자본주의 초기 수준의 자원 추출 능력으로는 늘어나는 빈민의 수에 대처하지 못하는 것이 자명했기 때문에 빈민 통제는 20세기까지 영국에서 중요한 국가의 사무가 되었다. 그러나 당시 빈민에 대해서는 영국이 자본주의 출현과 근대 국가의 출현 속에서 계속 증가하던 구조적인 요인을 생각하지 않고 자선에 의존하며 뒤처진 사람들만을, 그것도 모두가 아니라 소수의 선택된 자격 있는 빈민만을 골라서 수혜의 대상으로만 인식되었다. 국가의 정책도 떠오르는 자본주의를 지탱하게 하고 국가를 안정적으로 운영하는 목적에 따라서 부수적으로 빈민 정책을 펴는 수준에만 머무르게 되었다.

복지국가를 다시 보는 이유는 국가의 수준 그리고 새롭게 떠오르는 경제 집단과 경제 제도로 인해 발생하는 문제를 그대로 받아야만 하는 사람들 사이에서 국가가 무엇을 할 것인지에 대한 아젠다를 구축하는 목적에서 출발한다.

엘리자베스 1세 때 만들어진 구빈법이 그나마 구체화하여 빈민구제라는 목적에 부합했던 것은 제도를 비판할 때 다루었던 스핀햄랜드 법(Speenhamland Act)이다. 스핀햄랜드 법은 생계비 이하의 임금을 받게 되었던 저임금 노동자들의 임금을 보충하기 위해서 수당을 제공하고 가장이 없는 가정을 위해서는 아동수당과 가족수당을 제공하는 것을 골자로 했었다. 시작은 좋았으나 끝이 좋지 않았던 것은 제도가 실행되면서 당시 자본주의 산업화가 진행되기 이전 농업 경제가 지배하던 시기 스핀햄랜드 법은 지방 지주들과 빵을 만드는 공장주인들, 밀을 제분해서 팔던 사람들의 호주머니에 막대한 이윤이 흘러들어가도록 만들었고, 빈민은 계속해서 빈민이 되도록 만들었다. 일정한 생계비 이하를 수당으로 지급하다 보니 사업자 입장에서는 임금을 높게 줄 필요가 없어지고 노동자들은 이상을 일해도 수당이 나오지 않으니 일을 많이 할 필요가 없어 노동 의욕도 없어지게 되어 결국 빈민으로 남을 수밖에 없었다.

현실적이지 못한 제도를 펼치다 보면 미리 선행하더라도 문제이고 과거에 집착하는 것도 문제로 드러날 수 있다. 늘 변화하는 현실에 맞추되 앞을 바라보아야 한다. 기본소득은 그런 면에서 모든 보호제도를 없애고 새로운 질서를 만드는 것이 아니라 최적의 보호제도를 작동하도록 하면서 아예 틀을 바꾸어야 할 때를 미리미리 대비하는 것임을 이야기하고 싶다. 스핀햄랜드법이 결국 국가(엄밀히 따지면 지방정부)의 세금 낭비를 초래하고 빈민을 구제하지 못했으며 소수의 토착 기업(지주)인들에게만 혜택이 쏠리면서 1834년 신구빈법이 제정되었다.

이들이 아직도 구빈법이라고 불리는 이유는 구빈법의 제정이 국가, 경제적 지배집단(신흥부르주아) 등의 목적에 부합하기 위해 특정 집단에만 수혜를 주도록 한정하는 법이었기 때문이다. 신구빈법은 기존 구빈법에서 제공하던 가족수당, 아동수당 등을 폐지하고 노동불능자만 보호받을 자격이 있다고 보았다. 그리고 원외 구제를 폐지하여 수용소 혹은 교화원, 어떤 형태의 신체 구속적인 틀 안에 노동 불능 빈민을 가두어 두고 통제를 하려고 하였다. 사실 1980년대 이후 미국과 영국에서 일어난 근로 중심의 복지정책들은 이런 구빈법 시대의 전통적 생각을 그대로 받은 것들이었다. 복지가 게으른 사람을 만든다는 생각은 구빈법 이후 계속 사라지지 않고 존재했기 때문이다. 구빈법의 역사는 자본주의가 국가의 보호 아래 성장하면서 자본주의 성장을 위한 국가의 개입과 동시에 이뤄졌기 때문에 새로운 형태의 자본주의가 등장하면 언제 어디서든 구빈의 방식은 바뀔 수 있었다. 구빈법이 의미가 있었던 것은 국가가 개인의 영역에 개입해서 빈민을 구제하려고 했다는 점과 신·구 구빈법에서 모두 국가가 전국적인 보호 체계를 구축하기 시작했다는 점에서 의미가 있었다. 그 이전 개인, 이웃, 공동체 그리고 종교단체 같은 사적 조직을 중심으로 이뤄지던 빈민구제를 국가가 나서서 하기 시작했다는 점이었다. 그리고 열등 수급의 원칙을 확고하게 국가가 제정하였다. 구제받는 빈민의 상태가 구제받지 않는 최하층 노동자의 상태보다 낮아야 한다는 열등 수급의 원칙은 지금까지도 거의 변하지 않고 내려오고 있다. 노동 시장 활성화는 자본주의 성장을 목표로 한 국가의 실질적인 목표였고 빈민구제는 그런 목적 아래 수행되었다. 복지국가가 변화하고 있음에도 과거로 돌아가지 않는 이유는 국가의 개입 이후부터 복지는 계속 국가의 중심 사무 중 하나가 되었다.

2. 사회변동과 대응: 현대복지국가의 등장

복지국가는 자본주의가 본격적인 산업화 단계에 접어들었던 19세기 중후반 노동자들의 수가 사회 내에서 급격히 팽창하며 그 토대가 형성되기 시작했다. 구빈법이 소수의 혜택을 받는 이들에게 집중하고 노동 시장의 활성화가 오히려 늦춰지자 빈민과 노동자들의 저항을 무력화하기 위해서 새로운 방식이 필요하게 되었다. 새로운 체계는 독일에서 시작하였다. 구빈법을 최초로 실시했던 영국이 구빈법을 조금씩 수정하는 '노동자보상법(1897)', '노령연금법(1908)', '국민보험법(1911)' 등의 법을 만들어 대응했던 것과 대조적으로 독일은 새롭게 산업화를 진행하면서 전혀 새로운 방식의 시스템을 내놓았다. 영국이 빈민의 이동을 억제하여 지역 지주들의 이익을 보호하려고 시도했다면 독일은 도시로의 빈민이나 농민 이동을 장려하여 산업화에 필요한 노동력을 확보하려고 하였다. 사회주의 정당의 득표가 높아진 것이 사실상 독일에서 노동자들에 대한 회유를 이끌었다. 물론 1869년 니더쉴레지엔의 탄광노동자의 파업이 강제적으로 진압된 이후 독일은 노동자들을 회유하는 정책을 펼쳤다. 1871년 사회주의 계열의 정당에서 제국의회 의원 2명이 당선되었고 1877년에는 12명에 이르자 비스마르크는 본격적인 사회주의 정당 탄압을 하기 시작했다. 독일 황제 암살사건을 빌미로 사회민주주의 관련 정당, 노동조합들을 탄압하는 반사회주의법을 제정하여 추방하거나 교화소에 보내는 등 억압하였다. 동시에 노동자들을 회유하기 위해서 사회보험제도를 도입했다. 독일에서의 사회보험이 가지는 의미는 사후 구제에 초점을 두는 게 아니라 상시적이고 예방적으로 빈곤을 예방하여 노동자들을 국가의 질서 안에 포섭하고자 했던 목표 즉 사전 대비책으로 제정되었다. 세 가지 주요한 보험법은 '질병보험법(1883)' '산업재해보험법(1994)', '노령 및 폐질보험법(1898)' 등으로 영국의 20세기 초 제정되었던 구빈법의 잔재가 남아 있던 영국의 보호 법안들보다 수십 년 전에 제정되었다. 그래서 독일의 사회보험을 복지국가의 전기를 마련한 것이라고 인정을 한다.

사회민주주의와 복지국가를 연구해왔던 크리스토퍼 피어슨

에 따르면 독일의 사회보험 제도는 제도화된 일상적 수단을 통해서 빈곤을 예방하고자 했던 목적과 산업사회에서 발생하는 산업 재해나 질병으로 발생하는 위기나 위험에서 가입자의 소득을 보장함으로써 생존할 수 있도록 했다는 점 그리고 여성, 어린아이, 노동 불능의 빈민 등이 아니라 취업한 노동력이 있는 남성 노동자를 그 대상으로 했다는 점에 특징적인 의미가 있었다. 나아가 일방적으로 국가나 단체가 시혜를 베푸는 빈민구제가 아닌 일정한 수준의 보험료를 가입자가 납부하도록 하여 혜택에 대한 청구권을 가질 수 있었다는 점에서 권리로서의 복지 개념이 싹틀 수 있었다(김태성/성경륭, 2014: 91). 복지국가의 등장에서 반드시 짚고 넘어가야 할 것이 바로 이점이다. 국가가 나서서 이제 더이상 '특정한 집단'을 가난하다고 낙인찍고 지원하는 것이 아니라 보편적 계급을 이루는 노동자를 대상으로 특정하여 정책을 만들기 시작한 것이다. 그리고 시민의 한 사람의 권리로서 복지를 인정할 수 있는 기틀을 만들었다는 점이다.

19세기 후반 사회 변동은 본격적으로 진행되었던 산업화에 의해서 일어났다. 산업화에는 도시화가 동반되어 많은 농민이 도시로 유입되었다. 일자리가 많았던 도시에서 일자리를 확보하기 위해서 이동 가능한 인구 중심으로 도시로 이동하면서 빈곤 문제, 실업 문제, 도시환경 및 주거 문제, 질병 문제 등이 발생하기 시작했다. 때마침 발전하기 시작한 민주주의는 노동자들의 정치 참여에도 영향을 받아 노동자들 복지 확대에 일정한 역할을 하였다. 노동자들의 수적인 확대는 전제국가였던 프로이센에서 사회당의 등장을 억제하는 정책을 펴도록 유도했고 노동자들의 참정권 운동은 20세기 들어서면서 국가를 운영하는 정치 권력을 구성하고 행사하는 정치 행위에 참여할 기회를 늘려나갔다.

민주주의가 더욱 발전하는 과정에서 1차 세계 대전이 발발하였다. 1차 세계 대전은 국가의 모든 것을 걸고 치렀던 총력전 체제의 전쟁을 알리는 시작이었다. 남성들이 징집되어 전쟁터에 나가자 후방에 남아 있던 여성들이 남성들을 대신하여 사회의 각종 사무를 담당하였다. 남성들은 전쟁터에서, 여성들은 후방에서, 국가가 시민들에게 제시하는 시민의 의무를 다함으로써 희생하였고 이에 대한 보상으로 복지에 대한 약속이 주어지기 시작했다. 물론 전쟁 중에는 그나마 약하게 존재하던 보호 및 복지제도가 더욱 약화 될 수밖에 없다.

전쟁에서 승리하기 위해서 국가는 동원할 수 있는 인적·물적 자원을 최대한 끌어내야 한다. 인적 자원은 국민을 대상으로 하고 물적 자원은 경제적으로 주류 집단들에게서 최대한 끌어내야 한다. 자본주의를 성장시키려고 했던 이유도 그에 있다. 초기 시장을 약탈하면서 사적 소유권을 보장해주던 국가를 약탈 국가라고 부르기도 한다. 어쨌든 사회의 부를 축적하고 담당하는 이들에게서 인두세보다 많은 세금을 거둬들이게 되면서 국가가 시장에 의존적일 수밖에 없는 이유는 근대 시대 어디서나 존재했다. 그럼에도 민주주의가 발전하고 노동조합에 가입하는 노동자들이 많아지고, 단체 활동이 강해지면서 강력한 노동조합 연합체들이 등장하였다. 이에 발맞추어 사회주의 정당이 기존 정당 틈새에서 성장하기 시작했다. 사회당 창당과 남성선거권 도입은 산재보험, 질병보험, 노령연금 등의 사회보험 제도 도입에 어느 정도 영향을 끼쳤다고 볼 수 있다.

표 2에서 볼 때, 유럽의 국가들에서 복지제도와 정치변동은 비슷한 시기에 도입되는 경향을 보였는데 이는 사회 변동의 결과 산업화와 정치 권력의 변화에 따른 것으로 세계 다수의 국가에서 채택하고 있는 국민국가 시스템과 민주주의 등이 결합하여 일어났기 때문이다. 물론 여기서 간과해서는 절대 안 되는 것이 있다. 바로 조건이 형성된다고 해서 복지가 자동으로 일어나지 않는다는 것이다. 정치변동으로 많은 조직이 생겨나고 중앙집중화된 전국 규모의 연합체 등이 출현하고 사회당이 조직되면서 이들에 대항하는 정치 엘리트와 경제 엘리트들의 지배 연합도 제도화되었다. 나는 전편에서 복지는 정치이며 그렇기에 늘 갈등이 뒤따른다고 이야기하였다. 화해의 장으로 복지를 만들려면 제로섬 게임의 복지 논쟁에서 벗어나 새로운 출발선에 서야 한다. 기본소득 관련

표 2. 사회보험 제도의 도입과 정치변동

국가	산재보험	질병보험	노령연금	사회당창당	남성선거권
독일	1884	1883	1889	1867	1871
덴마크	1898	1892	1891	1878	1849
프랑스	1898	1898	1895	1879	1876
이탈리아	1898	1886	1898	1892	1913
오스트리아	1887	1888	1927	1889	1907
벨기에	1903	1894	1900	1885	1894
스웨덴	1901	1891	1913	1889	1907
노르웨이	1894	1909	1936	1887	1898
영국	1897	1911	1908	1893	1918
핀란드	1895	1963	1937	1899	1906
뉴질랜드	1900	1938	1898	1901	1879
네덜란드	1901	1929	1913	1878	1917
호주	1902	1945	1909	1901	1902
스위스	1911	1911	1946	1887	1848
캐나다	1930	1971	1927	1904	1920
미국	1930	2010	1935	1901	1860

출처: 김태성/성경륭, 2014: 103)

논쟁이 계속 논쟁으로 남은 것도 자원의 한정적인 특성에서 비롯되고 정치의 문제로 변화하기 때문이다. 복지가 논쟁적이고 갈등을 유발하며 정치적으로 변화하는 이유는 자원의 문제로 발생하는 것이고 자원을 동원하기 위해서 집단 사이 경쟁하기 때문이다. 복지국가에서는 늘 사회의 자원 동원 관련 집단의 조직화, 집단들의 요구를 반영할 정치 정당의 존재와 그들의 수권 능력 등이 조합적으로 연결될 때 효과적으로 진보해 왔다.

표 3은 유럽과 미국에서 실업보험과 가족수당이 제도화된 시기를 보여주고 있다. 복지국가 학자들은 1910년대부터 1945년 정도의 시기를 양차 대전 그리고 대전 사이 있었던 약 20년의 불안정한 평화 시기를 복지국가의 정착기로 표현하기도 하나 나는 비록 1910년과 20년대 중반까지의 경제적 호황과 대공황과 복구 기간에 있었던 뉴딜(New Deal), 역사적 타협(Historical Compromise) 등의 사회적 노력이 유럽에서 복지국가가 서서히 본격적으로 등장하는 준비기였다고 본다. 호황과 공황 그리고 부흥을 기치로 경제에 국가가 개입하면서 경제 주체들 사이 타협이 등장했던 시기는 복지국가 준비 시기에 해당하기 때문이다. 어쨌든 비스마르크가 노동자 보호를 통한 재생산을 위해 도입했던 사회보험 제도가 실업보험과 가족수당으로 확장되어 실업이 가져올 수 있었던 노동자와 그 가족들이 겪을 위기에서 벗어나게 해준 중요한 시도였다. 노동자와 그 가족을 보호하려고 시도했던 국가의 제도는 복지국가를 향한 첫걸음이 여러 나라에서 시간 차가 있었지만, 동시다발적으로 발생하고 있었다.

물론 국가마다 시간 차이가 나는 것은 정치 구조와 지형 그리고 경제 발전의 성숙도에서 차이가 났는데, 원인은 사회

표 3. 복지국가의 제도적 확충

국가	실업보험	가족수당
프랑스	1905	1932
노르웨이	1906	1946
덴마크	1907	1953
영국	1911	1945
네덜란드	1916	1940
핀란드	1917	1948
이탈리아	1919	1936
벨기에	1920	1930
오스트리아	1920	1921
스위스	1924	1952
독일	1927	1954
스웨덴	1934	1947
미국	1935	-
뉴질랜드	1938	1926
캐나다	1940	1944
호주	1945	1941

출처: 김태성/성경륭(2014: 117)

적으로 시민사회가 어떻게 형성되었는지 그리고 노동조합의 힘이 얼마나 강했는지에 달려 있었기 때문이다. 어쨌든 현대 복지국가의 등상이라고 말할 수 있는 것은 정치 구조에서 행위 주체와 경제적 행위 주체들의 등장과 상호작용이 복지와 정치제도에서 제도화가 되었기 때문에 복지국가가 등장하였음을 이야기하고자 했다.

3. 경제구조 변동과 현대복지국가의 등장

1) 포드주의의 등장과 복지국가의 조건

1차 세계 대전 이후 세계는 미국 경제를 중심으로 활황을 경험했다. 전쟁은 대체로 사회의 모든 것을 파괴한다고 알려져 있다. 그러나 두 차례의 세계 대전 이후 세계 경제는 반대로 폭발적으로 성장을 거듭하고 있었다. 심지어 미국에서 생산성이 늘어나 경제 상황이 좋아졌다. 전후 1970년대 초까지 미국을 비롯한 전 세계의 호황은 전후 복구 과정에서 국가가 자본의 양을 통제하고 산업에서 국가 단위의 분업을 시도하면서 발생한 것이었다. 전쟁 자체는 인간과 문명에 대한 도전이었으나 그것을 극복하는 과정에서 경제에서 생산성이 늘어나고 사회적으로 인권에 대한 인식이 진보하여 보편적인 복지 체계가 구축되는 계기가 된 것이다. 그러나 생산이 일시에 증가하였다고 해서 소비가 그만큼 단기간에 증가할 수는 없었다. 과도한 투자가 이뤄지고 공급이 과잉되면서 서서히 위기가 쌓이다가 연방준비위원회에서 이자율을 급격히 올리면서 미국 경제가 공황에 빠지기 시작했다. 세계 대전 기간 전쟁 물자를 전 세계에 제공하면서 성장하던 미국 경제가 침체하자 세계 경제가 침체하기 시작했다.

세계 경제가 침체하기 전 미국에서 시작한 한 회사의 작은 실험은 전 세계의 자본주의에 큰 변화를 초래했다. 1차 세계대전이 일어나기 전 미국에서 발생한 헨리 포드의 실험은 새로운 자본주의를 만들어 냈다. 지금 우리가 알고 있는 컨베이어벨트에서 조립하는 방식의 공장 시스템을 만들었다. 헨리 포드는 그 이전인 1911년에 테일러(Frederick Winslow Taylor)가 과학적 관리기법의 노동자 관리 기법을 저술하자 그의 방법대로 노동력을 최대한 착취하는 방식을 따라 자동차 공장을 세웠다. 그런데 이 관리기법은 말 그대로 사람을 기계와 혼연일체로 만드는 방식이었다. 공장과 노동자 관리를 과학적 방식에 기반을 두어 업무를 효율적으로 진행하려고 하였으며 무엇보다 8시간 노동을 제도화하는 것을 따랐다. 그런데 여기에서 단순히 8시간 노동, 노동자의 행동과 시간을 통제하는 것 이상으로 큰 이점을 제시했는데 그것은 일급 5불로 당시 평균 노동자 일급보다 세 배 이상의 일급을 제시한 점이었다. 그가 1908년 자동차 공장을 세우고 여러분 실패한 이후 1914년 드디어 최저임금을 5달러 8시간 노동을 확립한 이후 그는 미국 최고의 부자에 등극할 수 있는 기회를 얻게 되었다. 보통 이 사실만을 강조하는데 생산성의 향상은 포드의 자동차 회사만이 이룩한 결과가 아니라 포드 회사에 납품하는 하청업체의 물품을 표준화하여 어떤 제품이 들어와도 똑같은 기능을 하도록 만들었다. 즉 컨베이어 벨트 시스템으로 모든 것을 표준화하고 포드의 자동차를 최단기간에 최대한 많이 생산해 내어 자동차를 저렴하게 팔려고 했다.

우리나라에서도 1980년대 자동차는 부자들만이 타는 것이었다. 지금 거의 모든 이들이 자동차를 소유하고 있지만, 예전에는 자동차는 부를 상징하는 것이었다. 미국에서도 1910년대 당시 자동차는 부자들이 타는 사치품이었다. 부를 흉내내는 가장 좋은 방법이 자동차를 운전하는 것이었다. 그러나 포드는 이것을 완전히 뒤집었다. 5%가 아니라 95%를 위해서 물건을 만든 것이다. 대량생산과 대량소비 체제 그리고 경제위기가 닥치자 임금을 더 올리면서 자동차를 지속해서 팔고자 하였다. 포디즘이란 용어까지 만들 정도로 포드는 노동자를 중산층에 포섭하는 사회 경제적인 구조를 만들어버린 것이다. 이 경제 구조가 다수가 소비 주체로서 등장하도록 만든 것이고 현재에도 그런 사회 속에서 움직이게 되었다. 코로나 같이 국가나 세계적 재난이 닥치면 국가에서 돈을 풀어서 국민에게 소비하도록 유도한다. 그것이 경제를 살리는 것인데 이런 경제 구조가 만들어진 것이 포드 이후부터였다. 포드의 대량생산과 대량소비 체제는 현대 자본주의 경제 구조를 만든 시작점이었다.

자 여기서 우리가 생각해야 할 포드주의 대량생산 체제는 일종의 경제 구조이다. 그 이전에 존재하지 않았던 경제 구조 아래서 노동자의 삶은 윤택해졌다. 그러나 노동자들은 8시간 동안 최대한 착취를 당할 수밖에 없었다. 주어진 환경에서 최대한 에너지를 소비한 노동자들은 전문성과 숙련도를 갖추었지만, 노동 현장을 벗어나면 소비의 주체로 변하는 삶을 살게 되었다. 자동차를 운전하게 되면 우리는 아무 식당에 갈 수 없다. 주차장이 필요하기 때문이다. 주차장과 도로가 필요하게 되고 주차장이 있는 식당에 가거나 주차장이 있는 곳에 머물 수밖에 없다. 주차장과 도로가 닦이려면 도심보다는 외곽이 발전하게 된다. 이유는 땅값이 싸기 때문이다. 그리고 이런 일련의 변화가 일어나면서 자동차, 집을 소유하는 미국인들이 많아지기 시작했다. 도로가 생기고 도로 주변에 식당, 호텔, 오락 시설 등이 계속 생기면서 도시가 더욱 성장하기 시작했다. 때마침 일어난 문화산업의 발달은 소비를 더욱 촉진하였고 광고 시장이 활성화되었다.

이 시기에 노동조합은 전국 단위로 확대되고 노동자의 권리가 제도화되기 시작하였다. 수적으로 많아진 노동자들은 투표권을 행사할 수 있게 되면서 노동자들의 힘이 강해지기 시작했고 정당 정치와 연결을 하면서 노동자들의 요구가 점차 커지게 되었다. 즉 포드주의 생산양식의 등장으로 산업화와 자본주의가 심화되었고 이와 동시에 민주주의 제도가 안착하면서 다수의 시민이 국가의 보호를 받는 것을 당연하게 여기는 일종의 권리로서 사회권이 인정받았다. 이 과정에서 국가-자본-노동의 복지동맹이 결성되었다. 국가-자본-노동의 삼각 협력체제는 지금 우리 사회에서도 필요한 부분이다. 국가는 재정 수입이 증가하고 기업은 상품을 생산하고 이윤을 지속적으로 확대하며 노동은 고용과 더불어 안전하게 산업사회에 적응할 수 있었고 소비를 통해 자본주의 주체로 등장할 수 있는 기회를 얻게 된 것이다.

포드주의 경제모델이 대공황 시기의 미국 경기불황을 이겨내고 경제부흥을 이끌자 포드주의 생산방식이 전 세계로 확대되면서 유럽의 국가 안에서는 국가-기업-노조 사이의 연합이 가능해졌다. 국가가 경제에 개입해서 수요를 늘리고 공급을 동시에 늘리면서 경제가 팽창하였다. 소비의 증가는 많은 노동자를 일터로 불러들였다. 기업은 노조와 안정적으로 타협하며 경제성장의 과실을 즐길 수 있었다. 기업이 상품을 많이 만들어 팔아 이익을 얻고 더 많이 생산하기 위해서 노동자들을 고용한다. 고용된 노동자들이 임금으로 소비하면서 소비로 인해, 기업과 노동자들의 세금으로 국가는 부유해진다. 부유해진 국가는 더 많은 복지를 제공할 수 있는 자원을 확보하게 된다. 국가-자본-노동자 사이의 연대는 서로에게 이익을 줄 수 있는 선순환 구조를 형성하여 복지국가는 더욱 확장되었다. 이것이 포드주의의 핵심이다. 포디즘은 1950년대 본격적으로 미국을 비롯해 전 세계로 퍼져나가 미국과 유럽의 복지 학장에 크게 기여 하였다. 국방비의 감축과 복지비의 증가는 일정부분 연결되어 있었다. 물론 영국과 미국은 냉전 시대 국방비가 더 늘었기 때문에 모든 국가에 일률적으로 적용되는 것은 아니다.

산업이 팽창하고 대다수에게 일자리가 제공되었으며 표준화된 방식으로 만들어진 상품들이 소비되었다. 국가의 세수는 늘어났고 복지 확대의 요구는 역시 증가하여 복지가 제도화되기 시작했다. 노동조합과 사회민주주의 계열 정당의 등장 뿐아니라 경제기조의 변화도 복지국가의 본격적인 제도화에 기여하였다. 경제 기조가 그 이전 자유방임주의에서 케인즈주의로 전환된 것도 복지제도의 제도화에 기여하였다. 복지는 늘 경제와 같은 방향으로 이동하게 된다. 자본주의 태동과 복지가 비슷하게 출현하게 되었고 자본주의 그늘을 복지라는 빛으로 대처하려고 했기 때문이다.

케인즈주의 경제 기조는 국가가 시장에 개입해서 시장을 확대하는 것을 의미한다. 시장을 통제하는 것이 아니라 시장을 관리하는 것이다. 이에 따라서 국가의 재정지출이 급속도로 증가하였다. 국가의 재정지출이 증가하면서 산업사회 전반에 재정 효과를 본 것이다. 지금도 국가의 영향력이 시장이나 사회에 전반적으로 드러나는 것은 재정지출을 확대하는 것이다. 재난 상황에서 국가가 국민에게 일정한 금액을 지급한 것이 재정지출이다. 물론 국가는 국방비, 일반 행정비, 경제개발과 환경 관련에 비용을 지불한다. 현대에는 사회서비스에 많은 재정을 투입한다. 국가의 활동 사무에서 가장 중요한 사무는 재정지출을 통해서 처리된다. 경제 사조의 변화와 공황에 대비하는 경제 주체들의 동맹은 복지국가 출현에 크게 기여 하였다.

이때 사회보험을 제공한 노동자를 통제하려고 했던 국가에서 진정한 복지국가로의 발전은 하루아침에 이뤄진 것이 아니다. 위에서 언급한 국가-자본-노동의 복지동맹이 가능했던 것은 산업화와 민주화가 심화되고 사회가 성장한 덕이었기에 새로운 복지제도가 계속 등장하고 기존 복지정책은 적용 대상이 확대되었다. 이 과정에서 복지국가를 정의하는데 네 가지 요소가 결부되어 진행되었다. 먼저 국민 개개인이 요람에서 무덤까지 생애의 전 과정에서 당면하는 다양한 삶의 위험(이미 비버리지 보고서의 다섯 가지 위험이 발생하는 실업, 소득, 교육, 의료, 주거 등과 이외 위험)에 대해 국가가 얼마나 많은 종류의 복지제도를 수립하여 삶의 위험을 집합적으로 보호하는가 하는 포괄성(comprehensiveness or range)의 문제이다. 두 번째 요소는 보편성으로서 각각의 복지제도의 적용범위(coverage)는 어디까지인가이다. 선별적 복지인가 아니면 보편적 복지인가에 대한 논의가 이 요소를 해결하기 위한 각론에서 등장한다. 총론에서는 복지국가라는 제도적 틀 안에서 다양한 논의가 발생한다.

한국에서 대선을 앞둔 지금, 많은 복지 논의가 등장하지만 사실 선별적 복지와 보편복지가 충돌하거나 섞여 있는 경우가 많다. 적용 범위에 대한 문제와 한 개인에 대한 포괄성 복지국가의 시작을 알리는 요소였다. 세 번째는 복지 혜택이 어느 정도 수준이 되어야 하는가에 관한 충분성의 문제이다. 이 문제는 복지국가 논쟁에서도 많은 논의가 있었고 사실 기본소득에서도 충분성에 관한 논쟁은 계속되었다. 소위 복지국가를 주장하는 사람들과 기본소득을 주장하는 이들이 얼마나 차이가 나는지에 대해서 이 부분에서는 나는 차이가 없다고 생각한다. 마지막으로 기본소득과 복지국가 논쟁에서 핵심적으로 제기되는 부의 재분배 효과(redistributive effect)가 있다면 어느 정도까지 복지가 재분배 효과를 가져와야 하는지에 대한 문제이다. 사실 경제적으로 재분배 효과가 있으려면 복지제도와 경제 제도가 연결되어야 한다.

1975년까지 유럽에서 복지국가는 황금기를 맞이하였다. 산업은 팽창하고 국제 경제는 지역적 소요가 있었지만, 냉전 속 평화에 바탕을 두고 꾸준하게 성장할 수 있었다. 2차 세계 대전 이후 민주주의는 꽃을 피웠고 여성의 정치 참여, 남성들의 보편 선거권이 인정되었다. 어린이 보호와 그들을 위한 보편 교육이 가능해졌다. 국가는 사회에 깊숙이 개입하면서 국가의 행정기구들이 팽창하였다. 포드주의 아래서는 경제와 복지가 연결될 수 있었다. 이것은 경제와 복지에서 민주주의가 잘 작동하고 있음을 보여주는 것이었으나 경제 상황이 변화하고 정치 지형도 바뀌자 복지국가의 프로그램에 대한 도전이 이곳저곳에서 계속 터져 나왔다.

2) 포스트 포디즘과 복지국가의 변화

1945년부터 1975년까지 유럽과 미국 그리고 일본 등에서는 높은 경제성장률, 낮은 인플레이션, 낮은 실업률을 기록했다. 1963년부터 1972년까지 미국의 경제성장률은 3.9%였다. 반면 인플레이션은 3.7%에 머물렀고 실업률은 4.7였다. 영국은 2.9%의 경제성장률에, 5.9%의 인플레이션, 2.0%의 실업률을 기록하여 실업률로는 거의 완전 고용에 가까웠다. 프랑스는 5.5%의 경제성장률, 4.7%의 인플레이션 실업률은 1.9%였다. 서독도 마찬가지였는데 4.4%의 경제성장률과 3.2%의 인플레이션, 그리고 1.1%의 실업률을 기록하여 경이적인 경제 발전의 수치를 보여주었다. 일본의 경우에는 9.9% 경제성장률, 6.0%의 인플레이션, 1.2%의 실업률을 기록하였다. 복지 황금기의 특징에는 높은 경제성장률, 낮은 인플레이션, 무엇보다도 낮은 실업률 등이 포함되어 있었다. 이 시기 GDP 대비 복지비는 꾸준하게 증가하여 1960년대 약 10%대 초반에서 1975년에는 거의 모든 나라 (일본 제외)에서 복지비 지출이 GDP 대비 20%를 상회하였다. 스웨덴은 34.8%였고 서독은

27.8%에 이르렀다(김태성/성경륭, 2014: 127).

국가-자본-노동의 삼각 동맹이 효율적으로 움직이면서 복지국가가 잘 작동했으나 1973년 일어난 1차 석유 파동은 삼각 연합에 큰 균열을 가져왔다. 국가-자본-노동의 삼각 연합은 자본주의의 자체 정화 기능을 상실하게 만들고 국가에 기생하여 안전하게 자본을 확대재생산 하려고 시도했다. 국가의 개입은 비효율적 의존경제를 만들었기에 누적으로 자본축적에 위기가 서서히 싹트고 있었다. 특히 미국이 베트남 전쟁에 빠져들어 자원 조달이 어려워지자 달러를 무한대로 찍어내면서 금본위제가 위태해지게 되었다. 앞 장에서 이야기한 대로 브레튼우즈 체제는 전후 경제를 안정적으로 이끈 팍스 아메리카 시대의 핵심 경제 토대였으나 1971년에 해체되어 금본위제가 무너졌다. 미국에서 시작된 금본위제 해제는 국가들이 연합하여 금융자본의 득세를 억제하고자 했던 의도가 무력화된 것을 의미했다. 이제 국가들이 자신들의 통화를 마음대로 찍어낼 수 있었다. 국가의 중앙은행이 화폐를 찍어내면 인플레이션이 발생한다. 그 와중에 석유 파동이 일어난 것이다. 이스라엘이 4차 중동 전쟁(욤 키푸르 전쟁)에서 승리하고 골란고원을 점령하자 아랍국들이 이스라엘을 지원하는 미국과 동맹국들에 타격을 입히기 위해서 석유의 가격을 배 이상으로 올리기 시작한 것이다. 배럴당 3달러 정도 하던 석유의 가격이 두 배인 6달러 정도로 오르고 다음 해에는 다시

10달러를 넘어가면서 석유의 가격이 폭등하기 시작했다. 이란의 혁명으로 79년 2차 파동이 일어나면서 석유의 공식가격이 30달러에 육박하게 되었다. 실제로는 60달러 정도까지 하였다고 한다.

우리는 일상에서 석유로 만든 다양한 제품을 접한다. 석유는 정유, 화학, 철강, 제지, 유리 등 다양한 분야에서 원재료로 활용되고 자동차, 문구류, 의류(합성섬유), 플라스틱류, 화장품 세제, 제약 등 일상에서 활용하는 모든 것이 석유에서 나온다. 석유의 값이 폭등하면 일상 소비 상품의 가격이 올라 시장이 예민하게 반응할 수밖에 없다. 흔한 경제 상식으로 한 상품의 가격이 인상되면 소비가 줄어든다. 소비가 줄어들면 해당 사업에 종사하는 노동자들이 실업자가 될 가능성이 크다. 그런데 현대 산업사회에서 석유처럼 많은 상품의 원재료가 되는 원료 가격이 몇 배 인상되면 해당 원료를 사용해서 만들어지는 상품들의 가격은 수십 배가 올라간다. 작은 나비의 날갯짓이 태풍을 불러일으키는 나비효과에도 견줄 만하다. 물론 석유의 가격은 나비의 날갯짓에 비해 중요도에서 비교 불가능하다. 그만큼 석유 파동의 파급력은 엄청났다. 먼저 기업은 상품을 만드는데 비용이 더 필요했다. 비용 상승은 인건비와 다른 상품의 가격을 상승시켰다. 인플레이션이 발생하자 국가 역시 금본위제의 국제 조약이 폐지되어 국가의 통화를 양껏 찍어낼 수 있었다. 인플레이션은 인건비의 과도한 상승과 기업의 비용을 증가시켜 경제 전반에 불리한 환경이 조성된다. 기업이 노동자의 수를 줄이게 되면 실업자가 늘어난다. 실업자가 늘어나고 기업의 경제 사정이 좋지 않아지면 정부의 세수는 줄어들고 복지 비용은 증가한다. 복지국가의 위기는 경제 위기에서 비롯되었다.

복지국가의 위기는 정치에서도 그대로 반영되었다. 경제 위기가 발생하자 기존 국가 재정의 확대를 중요하게 여겼던 노동당과 사회당 그리고 진보 아젠다를 끌어왔던 정당이 정권의 재창출에 실패하고 보수당과 같이 시장에 덜 개입하고 국가 기구를 축소하려는 정당이 정권을 잡게 되었다. 신자유주의와 신보수주의 이념을 추종하는 정당이 정권을 잡게 되자 기업에 대한 정부 지원이 줄어들고 많은 기업이 도태하게 되었으며 시장은 산업을 통제하는 금융자본 중심으로 재편하게 되었다. 대공황 이후 금융자본 통제에 중점을 두었던 경제 기조가 바뀌면서 국내외에서 시장 위주의 경제 질서를 중시하는 경제 사조가 지배하게 되었다. 이렇게 되자 노동자에 대한 해고, 정부 예산의 축소 등이 발생하여 복지국가의 위기가 도래했다. 경제를 중심으로 덜 개입하려는 정책을 주장하는 복지국가가 경제의 체질 개선에서 등장했기에 복지국가의 위기도 경제 위기에서 비롯되었다.

경제 상황이 변화하자 기업들은 생존을 위해서 변화를 추구하게 되었다. 때마침 개인주의가 급격히 성장하면서 개인들의 개성을 중시하는 문화가 발달하게 되었고 개성을 중시하는 문화 속에서 소품종 대량 생산을 통해 생산성을 확보하고 다량의 물건을 만들어 판매하여 이익을 추구했던 기업들이 다품종 소량 생산을 하여 이익을 확보하려고 노력하게 되었다. 한편, 다품종 소량 생산에는 모든 것이 표준화된 채로 최대한 공정을 쪼개는 분업이 극대화되어 있으며 이를 통해 노동자들은 파편화된 작업을 해야 한다. 소품종 대량 생산에는 작업 방식이 표준화되어 있고 과도한 착취로 인해 노동강도가 강해질 수밖에 없었다. 이로써 중앙집중화된 생산 시스템은 다수의 욕구 충족 상품 생산에는 맞지 않게 되었다. 이에 따라 개별 노동자들의 자율성을 강조하여 작업장에서는 분화와 팀이라는 단위로 쪼개지게 되었다. 테일러의 과학적 관리기법에도 많은 변화가 일어났다. 이에 따라서 규모의 경제에서 벗어난 범위의 경제와 직업 만족도를 높이면서 숙련화 과정에 진입하게 되었다. 개별 노동자의 자율성과 분업을 최소화하는 인적 자원 관리기법이 등장하였다. 이 과정에서 개별 기업의 비용이 상승하게 된다. 이 경우 기업은 더욱 전문화되고 숙련된 노동자들을 찾게 되고 전문적인 기술을 갖추기 위해서 노동자들은 교육에 시간과 에너지 그리고 자원을 투자한다. 사회에서 비용은 증가하고 국가가 받아들이는 세금의 양은 줄어든다. 국가 기구가 축소되어 많은 공공 부분의 일자리가 사라진다.

1980년대 이후 본격적으로 신보수주의와 신자유주의가 영향력을 행사하기 시작했다. 신자유주의에 기댄 세계화가 진행되면서 자본주의 틀이 근본적으로 바뀌었다. 자본의 자유로운 이동은 그 이전의 세계화가 국가 사이 분업에 기초했다면 이번에는 금융자본과 산업자본 특히 경쟁력 있는 대기업 중심으로 이뤄지게 되었다. 대다수의 국가 안에서 노동자들은 자본과 대립 관계를 형성하게 되었으나 이제는 대기업과 다른 대기업 사이 경쟁에서 승리해야만 자신들의 일자리가 지켜지게 되었다. 기업은 차입한 금융비용, 임금에 대한 노동비용, 세금 등에서 점차 경쟁이 버거워지게 되었고 노동자들은 실업자가 될 가능성이 커지고 자본이 타국으로 이동하게 되면서 실업률은 더 올라가게 되었다. 세계화가 진행되면서 국가가 경제에 개입하기 더욱 어려워지게 되었기 때문에 국가의 시장에 대한 리더십도 약화되었다. 세계화 이후 제도적으로 국가의 개입이 증가했으나 눈에 보이게 국가의 시장에 대한 개입이 약하게 되었다.

복지국가의 위기는 기존 복지 틀 안에서 예상하지 못한 곳에서 발생했다. 연금과 건강서비스 분야에서 시작된 복지 위기가 있었다. 복지의 지출이 계속 확대되면 국가의 자원이 복지로 흘러 들어가게 된다. 이때 경제에 투자할 자원이 복지로 흘러가면서 경제성장에 투입될 자원이 적어졌다. 기회비용이 증가한 것이다. 두 번째는 노령화의 문제였다. 인구의 노령화 현상으로 복지국가가 할 일이 많아졌으나 경제 사정으로 이를 다루지 못하게 되었다. 노인 인구가 많아져 개인에게 돌아갈 수 있는 복지 비용이 감소했으나 전체적으로는 복지 비용이 증가하여 국가의 예산이 증가한 것이다. 나이가 들어가면서 몸이 아파 병원에 가야 할 경우가 많아지면서 건강서비스 수요가 늘어나지만, 예산이 똑같은 수준으로 늘어나지 않는다. 국가는 이를 타개하기 위해서 세금을 인상하는 대신에 차입을 통해 해결하려고 한다. 국가의 재정이 계속 적자 상태이면 이자 비용이 늘어나 국가가 복지 서비스에 투자할 비용이 더욱 줄어든다. 모든 상황이 좋지 않다. 우리나라에서 기본소득의 장점이 잘 활용될 수 있는 것도 바로 이런 국가의 비용은 줄이면서 복지를 늘릴 방안으로 인식될 수 있기 때문이다. 어쨌든 현재 우리 사회는 초고령화 사회로 진입했다. 가장 빠른 속도로 노령화가 진행되고 있다. 노령화도 복지국가에 크게 영향을 미친다.

복지는 단순히 누군가에게 시혜를 베푸는 것을 넘어선다. 복지는 '경제'라고 지난 저서에서 이야기하였다. 그러나 복지는 사회이다. 경제 문제를 넘어서 사회적인 문제에 해당하고 그것을 이겨내야 하는 것은 사회적인 방식으로 해결해야 한다. 경제와 정치적인 관점에서 다루면서 인구의 변화와 사회적 인식의 변화에 대한 접근도 동시에 진행해야 한다. 가족의 변화도 역시 복지에 영향을 미친다. 노동 환경과 이에 따른 노동 개념의 인식도 변화하고 있다. 사회에서 발생하는 모든 것이 변화에 따라 상호작용하면서 변화한다. 사회적인 차원에서 복지에 접근하고 이를 경제와 정치의 영역에서 다루어야만 한다.

복지국가가 왜 다시 조명되어야 하는가? 16세기 상업자본주의, 18세기와 19세기의 산업화 20세기의 포디즘과 이후의 경제 구조 변화 등 모든 영역에서 자본주의가 등장하고 근본적인 체질 개선에 나섰을 때 발생하는 문제들을 국가 제도의 영역 안에서 충격을 흡수하고 시민을 보호하는 국가의 의무를 다하기 위해 복지국가가 재조명되어야 한다. 4차산업혁명이 이미 전 세계를 지배하고 있다. 예전에 한국에서는 집단이 잘되어야 한다는 생각으로 대기업 사장이나 신입사원의 월급이 크게 차이가 나지 않았다. 외환 위기 이후 세계 경제에 편입되면서 신입사원과 대기업 사장의 입금 격차, 일반 직원 사이 모든 영역에서 격차가 발생했다. 누군가는 많이 벌고 누군가는 적게 번다. 코인이다, 주식이다, 부동산이다, 해서 모두 노동 소득 대신 금융 소득으로 부를 축적하고자 한다. 노동의 개념은 이미 변화하고 있다. 이런 변화 속에서 복지국가가 다시 화두가 되기를 바란다. 기본소득을 찬성하는 사람도 반대하는 사람도 복지국가의 보편성, 포괄성, 충분성, 그리고 부의 재분배 효과에 대해서 비슷한 인식을 한다.

제3장

기본소득과 복지국가

1. 청년층의 격차 심화와 기본소득

이미 기본소득에 대해서는 많이 다뤘다. 이번에는 기본소득의 과정과 기본소득 관련 논쟁을 다뤄보려고 한다. 기본소득에 대한 오해와 기본소득을 주장하는 이들에 대한 관점의 차이를 다루려고 한다. 특히 대선 후보 경선 과정에서 드러난 기본소득에 대한 논쟁은 정치적인 것과 자원 특히 예산과 증세 논쟁으로 크게 구분될 수 있다. 나는 이미 논쟁적인 부분을 다루었다. 기본소득이 기존 복지국가를 대체할 것인가? 아니다. 현재 기본소득은 변화해가는 경제 구조에 대응하는 하나의 대응책이며 사회 변동이 초래하는 인간 조직들의 변화 과정에 대비하고자 하는 방법이다. 그것을 복지국가의 틀 안에서 이루고자 하는 것이다. 정치, 경제, 사회의 모든 영역이 복지와 연결이 된다. 소수가 양질의 직장에 취직하는 사회 속에서 개인이 인간다운 삶을 살아가기 위해 개인들이 노력하는 기회를 제공하면서 동시에 변화하는 노동 개념에 적응하는 것이 기본소득이 필요한 이유이다. 미래 세대를 위한 기본소득 논의가 이 글을 저술하는 핵심이다. 지금 한창 청년 정책이 뜨고 있다. 그만큼 청년에 대한 사회적 관심이 깊다. 그렇지만 근본적으로 그들의 삶을 위한 생태계를 만드는 것에 대해서는 큰 관심이 없어 보인다. 얼마를 제공해주는가 하는 것 자체가 기본소득의 목적이 아니라 기본소득을 통해서 청년들이 자존감을 지키면서 미래를 준비할 환경을 만들어주는 것이 정치인으로서 할 일이라고 생각한다.

1) 청년층의 학력과 소득 격차

그만큼 청년들의 격차는 크다. 학력에 따른 가난의 대물림은 이미 여러 차례 이야기했었다. 2018년 한국교육개발원 KEDI BRIEF 02호에 따르면, 부모 소득에 따라 자녀의 대학 진학 유형과 첫 일자리 임금이 다르다. 교육에 대한 투자 그리고 전공 분야에서 공학, 수학, 전기·전자 등에서 점차 전문화된 숙련을 요구하는 분야는 고도의 교육 수준을 요구한다. 그렇기에 대학생 자녀를 어릴 때부터 잘 지원해줄 수 있는 부모의 존재가 중요하게 대두되었다. 부의 대물림의 단적인 예는 부모 소득에 따라 진학하는 대학 유형의 차이도 지속되는 부분에서 눈에 띄게 드러난다. 부모 소득 수준에 따라 진학하는 대학 유형의 차이가 존재하고, 이러한 차이는 한국 사회에서 크게 변화하지 않고 지속되고 있다.

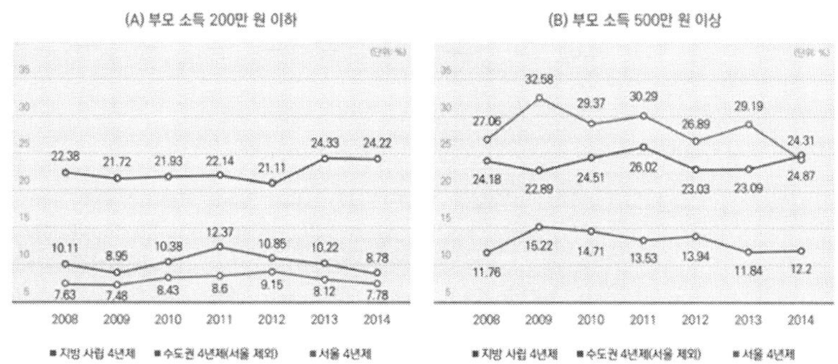

그림 7. 부모 소득에 따라 진학하는 대학 유형의 차이

부모 소득이 낮은 집단(200만 원 이하)의 자녀들이 서울 4년제 대학에 진학하는 비율은 7~8% 수준이다. 이에 반해 상대적으로 부모 소득이 높은 집단(500만 원 이상)의 자녀들의 25~30%가 서울 4년제 대학에 진학하는 것을 보여주고 있다. 한국교육개발원의 연구 분석 기간에 부모 소득 수준에 따라 진학하는 대학의 유형의 격차는 큰 변화 없이 비슷한 수준을 유지하고 있다.

부모 소득과 대학 유형에 따른 첫 일자리 임금 수준의 격차는 점차 증가하고 있다. 부모 소득과 대학 유형에 따른 첫 일자리 임금 수준의 격차는 집단에 따라 다른 양태를 보인다. 연구는 소득 하위 지방 사립대학교 졸업자는 맨 아래의

선을 따라 크게 변화 없이 움직인다. 소득하위 서울 4년제 대학 졸업자의 첫 일자리 임금 수준도 변함이 거의 없이 점차 내려가고 있다. 반면 지방 사립대의 소득 상위는 변동이 다른 집단에 비교해 가장 크다. 소득 수준이 상위이고 서울 소재 대학 졸업자는 임금이 가장 높게 나타나고 있다.

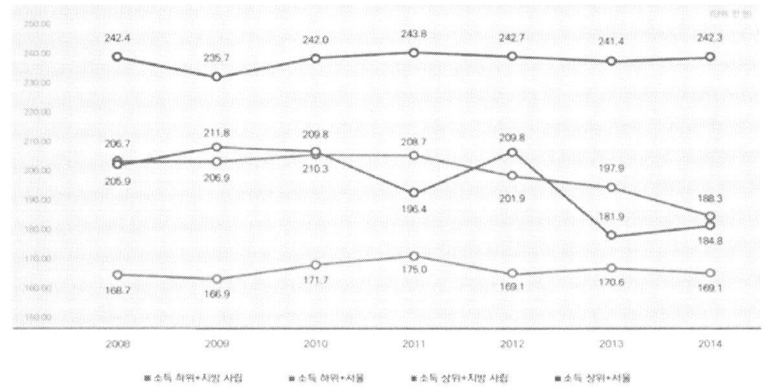

그림 8. 부모 소득과 대학 유형에 따른 첫 일자리 임금 수준

위 연구에 따르면 부모 소득이 상대적으로 높은 집단(500만 원 이상)은 서울 4년제 대학 졸업생과 지방 사립 4년제 대학 졸업생 간의 첫 일자리 임금 격차가 상당한 수준에서 격차를 보이고 있다. 특히 소득 상위 집단에서는 서울 4년제 대학 졸업생의 임금 수준은 크게 변동이 없는 반면, 지방 사립 4년제 대학 졸업생의 임금 수준은 하락하여 간극이 크다. 이로 인해 양자의 임금 격차가 커지는 양태를 보이고 있다.

반면, 소득이 상대적으로 낮은 집단(200만 원 이하)은 서울 4년제 대학 졸업생과 지방 사립 4년제 대학 졸업생 간의 첫 일자리 임금 격차가 줄어들고 있음이 드러났다. 문제는 양자의 격차 감소가 서울 4년제 대학 졸업생의 첫 일자리 임금이 하락하면서 발생한 것으로, 오히려 청년들의 첫 일자리 노동시장 지위가 악화되고 있음을 의미한다. 양자의 양태를 고려해 볼 때 대학 졸업생들의 첫 일자리의 임금 수준에 부모 소득과 대학 유형이 모두 영향을 미치는 이중고에 빠져있음을 확인할 수 있다.

국회 교육위원회 소속 강득구 의원(더불어민주당)이 한국장학재단의 '2020년 대학별 국가장학금 신청자 현황'을 분석하였다. 강득구 의원실의 분석 결과, 4년제 대학 전체의 국가장학금 신청자 중 고소득층 자녀는 39.5%, 저소득층 자녀는 30.1%로 차이가 크지 않았다. 그러나 소위 'SKY'로 불리는 서울대·고려대·연세대의 고소득층 자녀 비율은 56.5%로 저소득층 자녀(21.5%)보다 2.6배 많았다. 특히 서울대의 경우 고소득층 자녀(62.5%)와 저소득층 자녀(18.5%)의 격차가 3.4배나 벌어졌다. 강 의원은 "상위권 대학일수록 고소득층 자녀와 저소득층 자녀 간 재학 비율 격차가 더 커진다." "부모의 경제력 차이에 따라 대학 격차가 더 심화되고 있다."라며 "고소득층 자녀 쏠림 현상을 방지하고 교육 불평등을 해소하기 위한 대책이 필요하다."라고 지적했다.

교육과 불평등의 관계는 미국에서 이미 오랜 기간 연구되었던 주제였고 이미 지난 저술에서도 다루었던 부분이다. 이런 주제에 대해 논의를 진행하고 왜 기본소득이 중요한지를 설명하고자 하나 이 부분에서 반론이 많이 일어났다. 기본소득이 아니라 청년소득을 해야 한다 등의 이야기가 들려오는데 나는 이미 청년소득은 기본소득에 해당한다고 이야기를 했다. 왜냐하면, 청년에는 부자와 가난한 자 사이의 차이가 없이 보편적인 개념이기 때문이다. 그 안에서 계층이 있고 계급이 있을 뿐이지 청년에는 보편적 개념이 들어 있어 청년소득이라고 해도 되고 기본소득이라고 해도 된다. 내 목적은 청년들이 어떻게 하면 격차를 줄이고 자신의 삶을 자신 스스로 개척할 수 있도록 그들이 뛰어놀 수 있는 생태계를 제공할 수 있나 하는 것이다. 그래서 우리는 빈곤의 대물림을 이해해야 한다.

2) 빈곤의 대물림

우리나라에서 빈곤이란 말을 쓰기 거북하다. 겉으로는 세계 무역 대국, 역동성이 있는 대한민국, 세계의 강대국 속에 K-pop, K-방역, K-엔터 등 많은 부분에서 세계에 강력한 영향력을 행사한다고 알려져 있다. 그런데 우리나라의 빈민 실태는 충격적이다. 그리고 경제 구조가 계속 바뀌면서 빈익빈 부익부 현상이 늘어난다. 통계적으로 보아도 중산층은 줄어들고 저소득층은 더 늘어났다. 그리고 기업에서도 기업 총수와 평사원 사이 임금 격차는 확대되고 있다. 노동보다는 금융 소득을 추구하면서 '영끌'이란 단어가 등장하여 영혼까지 끌어모아 주식투자, 코인 투자, 부동산 투자를 한다. 한국보건사회연구원 '한국복지패널기초분석보고서'에 따르면, 경상소득을 기준으로 저소득층이 중산층이나 고소득층으로 이동한 비율인 빈곤 탈출률이 2006년 31.71%에서 2012년에는 23.45%로 떨어졌다. 빈곤 탈출률은 2000년에는 48.9%였으나 2005년에는 31.9%로 떨어진 이래 계속 하락해왔다. 게다가 소득 계층 전반에 걸쳐 현 소득 계층을 그대로 유지하는 추세는 더욱 공고해지는 것으로 분석됐다. 반면, 통계청과 보건사회연구원의 최근 통계로 볼 때 1990년 74.47%에 이르던 중산층 규모가 2010년에 67.33%로 줄어들면서 저소득층 비율이 1990년 7.34%에서 2010년에 12.24%로 늘어났다.

2018년 11월 20일 한국보건사회연구원은 '한국복지패널 1~12차 원자료 분석 결과'를 발표했다. 한국복지패널 조사는 2005~2016년 12년 동안 매년 소득 계층별로 전국 7,000여 가구를 선정해 실시한 것이다. 이번 연구원의 발표는 2005년(1차 조사) 만 0~17세였던 아동이 2016년(12차 조사) 만 11~28세로 성장하는 과정에서 빈곤을 경험한 사람과 그렇지 않은 사람의 삶을 비교 분석한 것이다. 연구원은 가계소득(가처분소득 기준)이 중위소득의 50% 미만인 경우를 '빈곤' 상태로 규정했다. 이 같은 규정에 따르면 아동기에 빈곤을 경험한 만 18~28세 청년은 전체의 30.7%였다. 이 가운데 6년 이상 빈곤에 노출된 경우는 3.8%, 2~5년은 13.2%, 1년 미만은 13.7%였다. 빈곤 경험 기간에 따라 청년층의 교육 수준도 다르게 나타났다. 아동기에 6년 이상 장기빈곤을 경험한 청년 중 70.9%가 고졸 이하의 학력이었다. 반면 6년 미만 단기간 빈곤을 경험한 청년들의 63%는 대학에 진학했다. 특히 빈곤 경험이 없는 청년들의 경우 대학에 진학한 비율이 79.3%에 달했다. 빈곤 경험 기간은 청년층의 경제활동에도 영향을 미쳤다. 6년 이상 빈곤을 경험한 청년 중 안정적인 고용이 보장된 상용직에 종사하는 경우는 4.2%에 불과했다. 빈곤 경험이 없는 청년층에선 상용직 비율이 23.2%였다.

가난한 가정에서 빈곤을 경험한 청년들이 빈곤한 상태에서 벗어나지 못하는 '빈곤대물림' 현상이 대선공약으로 관심을 가져야 할 가장 심각한 사회문제일 것이다. 나의 작은 생각이지만 여기에는 구빈법의 잔재인 열등 처우의 원칙이 이런 현상의 저변에 깔려 있어 논리적 근거를 제공해준다. 이런 열등 처우의 원칙은 형평의 가치를 기계적으로 적용하려는 비례적 평등의 원칙에 따른 것이다. 1834년 신구빈법이 제정될 때, 열등 처우의 원칙은 하나의 중요한 원칙이 되어 그 이전처럼 강제노동을 시키는 대신 빈민 혜택을 줄여 빈민들이 노동 시장에서 들어가 노동하도록 유도하기 위해서 만들어졌다. 노동하는 사람보다 구빈을 받는 사람 즉, 공공부조를 받는 사람이 더 적게 받아야 한다는 것이다.

1990년대 미국의 빌 클린튼 행정부의 복지 개혁도 이와 크게 다르지 않았다. 내가 눈여겨본 것은 클린턴 행정부 시절에 개혁이라는 미명 아래 실시된 복지제도의 변화는 개악이었다. 포괄보조금을 실시하여 전체 복지 양을 축소하였고 요부양아동가족부조(AFDC)의 수급 조건을 강화했는데 눈에 띄는 것은 가족당 수급액의 한도를 설정하여 추가지급을 금지한 것이나 자조의 의사가 없는 수급자에 대한 지원을 중단하는 것을 가능하게 만들었다는 점이었다. 이는 교육을 받거나 노동을 하도록 강요했다. 60년 만의 복지 프로그램에 대한 개혁이라고 불려진 이 제도에서는 자조 의지 즉, 근로 의지를 실현하도록 강요하는 것이 핵심 내용이라고 생각한다. 복지국가의 위기가 일어나자 각국에서는 복지 프로그램을 수술하려고 하였다. 그 방향은 재상품화, 비용억제, 재정비화 등이었다. 고스타 에스핑앤더슨은 복지국가는 국민의 시장 의존도를 줄이는 탈 상품화 개념으로 정의하였었다. 라메쉬 미쉬라는 복지국가는 최소한의 전국적 기준을 유지하기 위해 국가가 완전 고용, 국민 기본 욕구 충족 등의 보편 서비스를 제공하는 것과 빈곤 해소와 예방이 목적임을 분명히 밝혔다. 그러나 최근의 추세는 노동력을 상품화하도록 강요하는 복지 프로그램이 많아지는 것이다. 얼마 전에 모 당의 대선 후보가 사회복지사를 모아 놓고 코딩을 공부하라고 했다는 뉴스를 보았다. 이것이 전형적인 근로 지향의 복지 마인드라고 할 수 있다. 늘 재상품화를 추구하도록 강요하면서 개인이 실업을 당하더라도 능력이 있으면 곧바로 취직할 수 있으니 능력을 기르라고 하는 말이다.

청년의 빈곤 청년 인권상황 실태조사(2019)에 나타난 청년 가구 유형별 분포<아래 표>는 가구 유형별 분포에 관한 것이다. 모든 가구원(가구주 포함)을 대상으로 한 가구 유형별

표 4. 가구유형별 빈곤율(균등화 중위소득 50% 미만) (단위: %)

균등화 시장소득	2017	2018
청년 1인 가구	25.4	17.7
청년 부부 가구	13.5	11.5
청년+부모 가구	8.9	9.3
기타 가구	16.9	17.5
청년 가구	11.0	11.0
전체 가구	22.4	22.4
균등화 처분가능소득	2017	2018
청년 1인 가구	25.9	19.8
청년 부부 가구	14.2	12.4
청년+부모 가구	8.1	8.6
기타 가구	15.2	14.6
청년 가구	10.2	10.2
전체 가구	18.8	18.4

자료: 통계청, 「가계금융복지조사」, 각 년도

분포를 보면 2018년 청년 1인 가구는 2.2%, 청년 부부 가구는 9.6%, 청년+부모 가구는 72.1%, 기타 가구는 16.1%, 청년 가구는 40.3%인 것으로 나타났다. 해당 가구분포는 전체 가구원을 대상으로 각 가구에 분류한 것이기 때문에 청년들이 주로 어떤 가구에 속하는지 파악할 수가 없다.

청년만을 대상으로 하여 가구유형별 분포를 살펴본 결과, 2018년 청년 8,329명 중 5.2%(430명)가 청년1인 가구에, 14.3%(1,191명)가 청년 부부 가구에, 67.2%(5,599명)가 청년+부모 가구에, 13.3%(1,109명)가 기타 가구에 분류되는 것으로 나타났다. 청년 가구유형별 빈곤율에서는 먼저 시장소득 기준으로 청년 가구 중 청년 1인 가구의 빈곤율(2018년 기준 17.7%)이 가장 높게 나타났으며, 부모와 함께 사는 청년의 빈곤율(2018년 기준 9.3%)이 가장 낮게 나타났다. 청년 가구 빈곤율

표 5. 청년 가구유형별 분포현황(2017, 2018)

구분	2017년				2018년			
	가구 전체		가구 중 청년만		가구 전체		가구 중 청년만	
	인원(명)	비중(%)	인원(명)	비중(%)	인원(명)	비중(%)	인원(명)	비중(%)
청년 1인 가구	472	2.2	472	5.1	430	2.2	430	5.2
청년 부부 가구	2,385	11.1	1,551	16.6	1,882	9.6	1,191	14.3
청년+부모 가구	15,296	71.2	6,143	65.9	14,121	72.1	5,599	67.2
기타 가구	3,334	15.5	1,157	12.4	3,157	16.1	1,109	13.3
청년 가구(청년)	21,487	43.4	9,423	100	19,590	40.3	8,329	100.0
전체 가구	49,518	100.0	-	-	48,590	100.0	-	-

은 2018년 11%로 전체 빈곤율 22.4%에 비하여 낮은 수준이나, 청년 가구 내 유형에 따라 빈곤의 정도가 크게 차이가 나는 것으로 보인다. 부모와 함께 사는 청년의 빈곤이 낮게 나타난 것은 주거비용으로 인한 것으로 보인다. 기본소득과 주거 서비스를 제공해야 하는 이유가 청년층의 빈곤 탈출과 연결되는 자료라고 할 수 있다.

2. 미래 세대를 위한 기본소득

1) 기본소득이란?

기본소득은 '자격 심사 없이 모든 사람에게, 개인 단위로, 노동 요구 없이 무조건 전달되는 현금 지급'을 의미한다. 기본소득은 다섯 가지 특징을 가지고 있다. 여러 군데에서 여러 토론에서 약간은 다르게 전달되고 있지만, 소득이 있든 없든 '자격 심사(일반적 복지 제도에선 소득이 적어야 급여 수령 자격을 얻을 수 있다)' 없이 사회 구성원 모두에게 지급되는 특징의 보편성, 노동이나 구직활동 등 반대급부를 요구하지 않고 조건 없이 지급되어야 한다는 무조건성, 가구 단위가 아니라 개인에게 지급되는 개별성, 일정 기간 단위로 주기적으로 지급되는 정기성, 현금 지급성 등 다섯 가지의 특징으로 정의된다. 기본소득은 복지국가 요소 중 핵심인 보편성에 그 장점이 있다.

한국에서 기본소득 담론이 높아진 계기는 이미 언급한 대로 기본소득에 관한 관심이 높아진 것은 2016년부터이다. 2016년 1월부터는 이재명 당시 성남시장이 '청년 배당'을 실시하면서 기본소득에 대한 주목도가 높아졌고, 같은 해 7월 기본소득지구 네트워크 세계대회가 한국에서 열렸다. 청년 배당은 재산·소득·취업 등과 무관하게 3년 이상 성남시에 거주한 만 24세 청년 모두에게 분기별로 25만 원(연간 100만 원)을 지역 화폐로 지급하는 프로그램이었다. 기본소득에 대한 주목도가 높아진 또 다른 계기는 코로나19 대유행이었다. 지난 2년 동안 계속 발생한 코로나는 우리의 삶을 완전하게 바꾸어 놓았다. 이에 국가는 피해를 본 전 국민을 대상으로 재난지원금을 제공하였다. 전 국민 재난지원금을 놓고 '재난 기본소득'이라는 용어가 등장했고, 구글 트렌드로 '기본소득'을 검색해보면, 그즈음 '기본소득' 단어 검색량이 치솟았다.

기본소득에 대한 시작은 자본주의 태동기 혼란상을 보여준 토마스 모어의 유토피아(1516)에서 등장했다. 모어는 "사람들이 음식을 얻을 수월한 방법이 없다면, 지구상의 어떤 형벌도 도둑질을 막을 수 없다. 차라리 모든 사람에게 생계 수단을 제공하는 것이 훨씬 더 중요할 것이다." 라파엘이라는 사람을 대신해서 모어는 자신이 하고 싶은 비판을 1부에서 그리고 현실에 상반되는 이상향을 유토피아로 그리면서 모든 사람이 일정한 소득을 유지할 수 있는 요인을 제시하였다. 미국 건국의 아버지였던 토마스 페인(Thomas Paine)도 부유한 토지 소유자에게서 세금을 걷어 모든 미국 시민에게 시민배당금을 주자고 주장했었다. 버트란드 러셀 또한 시민 모두가 생필품을 사는데 최소한의 수입을 보장받아야 한다고 주장했다. 그는 열등처우에 대한 비판을 하면서 기꺼이 참여하는 사람에게 차등의 수입을 주면 안된다고 주장했다. 미국에서 신자유주의 사상을 전파했던 경제학자 밀튼 프리드먼도 같은 주장을 했는데 신자유주의자들과 우리의 기본소득은 근본부터 지향점이 다르다. 국가를 뺀 기본소득은 복지국가와 다르다. 어쨌든 기본소득에 대한 접근은 그만큼 다양하다는 점을 이야기하고 싶다.

2) 기본소득 해외사례

기본소득의 형태를 가장 먼저 이야기한 곳은 미국 알래스카주였다. 기본소득의 대표적 사례로는 미국 알래스카주가 꼽힌다. 알래스카에서는 '천연자원(석유) 배당금'을 1년에 한 차례씩 지급했다. 1970년대 중반 제이 해먼드 당시 주지사(공화당)가 알래스카에 있는 유전을 '알래스카 시민 소유'로 확보했고, 그는 주 헌법을 수정해 '주의 자원은 주민의 소유'라고 규정했으며 해먼드 주지사는 석유 수입의 일부로 '알래스카 영구 펀드'를 조성했고, 1982년부터는 이 펀드의 수입으로 시민들에게 배당금(사실상 기본소득)을 주고 있다. 알래스카 주에 1년 이상 거주한 사람이면 누구나 같은 액수의 연간 배당금을 받는다. 알래스카의 경우에는 인구가 적고 천연자원인 석유 판매를 통해 확보되는 수입이 일정하기에 가능한 정책이었다. 흥미로운 것은 보수 공화당 주지사가 이런 정책을 시도했다는 점이다. 밀튼 프리드먼처럼 복지 제도화가 덜 진척된 상태에서 오히려 기본소득을 실시하는 것이 새로운 복지제도를 구축하는 것보다 더 나을 수 있었다.

스위스의 경우에는 이미 여러 차례 이야기하고 알려진 대로 2016년 스위스에서는 기본소득 도입을 두고 국민투표를 했으나 투표율은 46%였고, 유권자의 76.7%가 반대해서 부결되었다. 기본소득 스위스 네트워크는 매달 18세 이상의 모든 성인에게 2,500스위스프랑(약 308만 원), 어린이·청소년에게 650스위스프랑(약 80만 원)을 지급하는 기본소득 모델을 홍보했으며 2,500 스위스 프랑은 당시 스위스 1인당 GDP의 약 39%에 해당하는 금액이었을 정도로 큰 금액이었다. 스위스의 기본소득 찬반투표는 무리수였다. 스위스의 사회·문화는 차등적 복지를 지지하는 것으로 사람들은 경제관념이 강하고 합리적 계산을 하면서 무리하게 소비하지 않는 문화를 이어왔다. 그런데 절약하고 아끼면서 자신의 노동을 통해서 소득을 올리는 이들에게 기본소득을 제공한다는 것에 대해서 제대로 전달이 되었을지 모르겠다. 그러나 스위스의 복지에는 사각지대가 많다고 한다. 그리고 약자들은 더욱 약하고 부자는 강한 사회의 전형에 속한다. 유럽이라고 해서 모든 지역이 동일한 것은 아니다. 스위스의 접근 방식이 복지에 대한 인식의 차이를 무시하고 복지 구조에 따른 점진적 접근을 고려하지 않고 무리하게 진행하는 것이었기에 아쉽다. 스위스는 수출 의존도가 한국보다 더 높은 사회이기 때문에 사회안전망을 구축하는 것이 절실하다. 사회 안전망과 기본소득이 다르지 않다고 생각하지만 그런 생각이 모두가 공유하는 것이 아님을 지금 한국에서도 그대로 느끼고 있다.

핀란드의 사례는 지난 저술과 재작년의 경기도의회 연구용역에서 드러났듯이 우리가 많은 것들에서 왜곡이 있었다. 기본소득 도입과 관련해서 핀란드의 사회실험도 자주 언급되었는데 내용은 2017~2018년 핀란드에서는 정부 차원의 기본소득 정책실험이 시행되었다는 점과 이로 인해 복지 수혜자가 일자리가 생겨도 일을 하지 않고 복지에 의존해서 살아가는 '복지 함정' 논란이 일었다는 사실이 언론에 주로 보도되면서 기본소득이 노동자를 일하게 하지 않는다는 인식을 갖게 했다. 핀란드에서 2015년 집권한 보수연합 정부의 유하 시필라 총리는 2017년 1월부터 2년 동안의 사회실험을 진행했으며, 기초실업수당 또는 노동 시장보조금을 받던 25~58세인 11만 7,000명 가운데 2,000명을 무작위로 선발한 뒤 이들에게 월 560유로(약 75만 원)를 아무 조건 없이 지급했다.

사실 이 실험의 핵심은 두 집단 차이가 있는지 없는지를 구분하여 기본소득을 지급하고자 한 의도에 있었는데 실험 연구 결과 2017년의 경우, 기본소득 수급 집단의 연평균 노동일 수는 49.64일로 실업급여 수급 집단의 49.25일보다 0.4일 많았다. 두 집단 사이에 평균차의 의미가 없어서 실제 두 집단의 영향력 즉 독립변수의 영향력이 없었다. 다른 말로 말하면 기본소득의 실험은 작동하지 않은 것이다. 2018년에는 기본소득 수급 집단의 연평균 노동일 수가 77.96일로 실업급여 수급 집단의 72.91일에 비해 5일 정도 더 일한 것으로 나타났다. 그러나 연구진은 고용 촉진 측면에서 기본소득의 효과가 '실망스럽다'라고 평가하였다고 언론이 대서특필했다. 언제나 왜곡에 앞장서는 주류 언론들의 입장에서 기본소득을 비판하고 그것을 주장하는 이들에 대한 비판을 이어가고자 했으나 이 실험에서 원래 목적한 바와 실험에서 예상하지 못한 결과에 초점을 두어야 한다. 기본소득을 주장하는 사람들이 이야기하고자 하는 바가 다른 분야의 결과에서 드러났기 때문이다. 해당 조사에서 기본소득 수급자들은 실업급여 수급자들과 비교해 '삶의 만족도' 등에서 통계적으로 유의하게 높은 수치를 보였다는 점이다. 이 실험이 실업수당을 대체하거나 노동 근로 의욕을 촉진하는 소위 '근로 촉진국가'를 추구하는 클린튼 행정부 복지 개악과 비슷한 관점에 근거하여 설계되었기에 삶의 만족도가 높은 것은 중요한 문제로 인식하지 않았다. 보수 우파로서 기본소득을 통해 기존 복지 체제를 흔들려고 한 의도도 있을 수 있다. 그래서 설계를 할 때 어떻게 할 것인지 고민해야 한다.

2020년 미국 대선 경선에서도 기본소득 공약이 화제를 모았다. 미국 민주당 대통령 후보 선출을 위한 당내 경선에서 앤드루 양 후보는 자유 배당금이라는 기본소득을 공약으로 내세웠는데 어떤 조건도 달지 않고 만 18세 이상의 모든 미국 시민에게 매달 1,000달러(약 113만 원)를 지급하자는 내용이었다. 이는 미국 1인당 GDP의 약 19%에 해당하는 금액이었고, 그의 제안은 미국의 사회복지 수급자들이 현행 복지 급여와 기본소득 월 1,000달러 중에서 하나를 선택하도록 하자는 것이었다. 미국과 같이 복지 체제가 제대로 갖춰지지 않은 국가에서는 의미 있는 시도라고 할 수 있다.

3) 이재명 후보의 기본소득 공약

이재명 더불어민주당 대통령 후보는 2023년부터 '청년 125만 원 · 전 국민 25만 원'에서 시작해 임기 안에 '청년 200만 원, 전 국민 100만 원'으로 확대한다는 구상을 선보였다. "대통령에 당선되면 임기 안에 연 100만 원 이상을 소멸성 지역화폐로 지급하겠다"라며 "임기 이듬해인 2023년부터 25만 원씩 한 차례로 시작해, 임기 내에 최소 4차례 이상으로 늘리겠다"라고 밝혔다. 이는 기본소득이 부자에게 돌아가 부자들이 저축하고 소비하지 않을지 모르는 것을 대비하는 내용을 포함하는 것이다. 사실 미국이나 한국에서 재난지원금 형식의 전 국민 지원금이 지급되면 부자들은 그것을 그대로 저축하여 시장에 돈이 돌지 않는다. 이에 따라서 목적에 부합하도록 하기 위해서 지역화폐의 지급은 특히 소멸성으로 지급하는 것은 신의 한 수라고 할 수 있다. 이미 전 저서에서 제도와 행위자 사이의 관계를 이야기했다. 있을지 모르는 부작용까지 고민하고 예측하여 미연에 방지하는 것이 제도를 설정하는 지도자의 몫이다. 이재명 후보는 오랜 현장 경험자답게 잘 정리했다고 본다. “19세부터 29세까지의 청년 약 700만 명에게는 보편 기본소득 외에 연 100만 원을 추가 지급하겠다”라며 “보편 기본소득과 청년 기본소득이 정착되면 청년들은 연간 200만 원, 11년간 총 2천 200만 원의 기본소득을 받게 된다”라고 설명했다. 사실 현재 우리 사회에서 가장 큰 청년 문제는 빈곤의 대물림과 초기 사회 진입 비용이 막대하다는 것이다. 청년은 가치적이다. 이미 그 단어에는 가치가 포함되어 있다. 청년은 계급과 계층을 넘어서고 집단을 넘어서는 개념이기에 보편적이다. 기본소득과 보편적인 특성을 보여주는 것은 중요한 이슈이다. 그런데 이를 엄격하게 한다면 기본소득의 취지는 사라지게 될 것이다. 그래서 지난해 기본소득 조례개정안을 발의할 때에도 보편적 개념에 취합한가 아닌가에 대해서 고민하고 결정하며 조례를 수정했다.

뉴스10

2021년 06월 10일 (목)
종합

원용희 의원, '경기도 기본소득 기본조례' 개정 관련 토론회 개최

김정수

경기도의회 원용희(민·고양5) 의원은 지난 8일 다양한 형태의 기본소득 정책 기반마련을 위한 기본소득 기본조례 개정 토론회를 가졌다고 밝혔다.

원 의원은 "현행 기본소득 기본조례에서 기본소득에 대한 개념 정의를 하고 있다"며 "하지만, 청년기본소득 및 재난기본소득과 같은 기본소득 관련 파생조례나 개별조례들이 재정부족 등 현실적 여건 미비로 기본조례의 개념 정의를 완벽하게 충족하지 못하고 있다"고 지적했다.

다만 기본소득 정책들의 완성도를 높여가는 과정에서 일어날 수밖에 없는 불가피한 상황인 만큼 기본소득의 정의에 다소 부족하더라도, 기본소득으로 넓게 인정하는 쪽으로 개정이 필요하다는 것이다.

이에 대해 아주대학교 법학전문대학원 오동석 교수는 "기본법은 원칙을 규정하고 개별법에서 이를 구체화하는 형식으로 규정하는 경우가 많다"며 "기본소득 제도의 경우 헌법상의 평등권과 마찬가지로 사회 구성원이 받아들일 수 있는 범위에서 점진적으로 완성해가는 방식을 취할 수밖에 없다"고 말했다.

이에 한국기본소득네트워크 안효상 이사는 "지방자치단체는 전국민을 상대로 기본소득 제도를 도입할 수 없는 한계를 지니고 있다"며 "이 때문에 부분적인 기본소득이 꼭 바람직하지 않은 것은 아니다"고 설명했다.

이어 "기본소득제도에서 앞서 나간다는 유럽연합의 경우에도 농민기본소득이 존재하므로 부분적이라고 하더라도 기본소득의 범주에서 배제할 필요는 없다"고 말했다.

회의 참석자들은 현행 기본소득 기본조례 개정에 공감하면서 조례에 반영하는 구체적인 문구에 대해서는 추가 논의가 필요하다고 의견을 모았다.

늘 어느 제도에나 그 개념을 제대로 인지하지 못하게 만드는 조항이 들어간다. 제정 과정에서 개념과 의미가 변화·변경된다. 그래서 제정 이후에 제도가 현실에 적절하게 작동하도록 수정하고 해당 조례를 안착시키도록 노력하는 일이 정치인이 해야 한다.

기본소득 세원 방안

이재명 후보의 기본소득 세원 방안은 구체적이다. 세출 조정과 탄소세 부과, 국민 동의를 전제로 한 목적세 도입 등 구체적인 방법론까지 제시해 기본소득 후퇴 논란을 돌파할 것으로 보인다. 이 후보는 “2023년 기본소득에 20조 원 안팎이 들 것으로 보인다. 국가 재정 규모가 내후년이면 620~630조 정도로 늘 것이고 기존 재원과 우선순위 조정 등으로 첫해 20조 원을 마련하는 건 전혀 문제가 없을 것으로 본다.”라고 말한다. 재원확보 방안으로는 재정구조 개혁, 예산 절감, 예산 우선순위 조정, 물가상승률 이상의 자연 증가분 예산, 세원 관리 강화(25조 원 이상) 연간 60조 원을 오가는 조세감면분 순차 축소(25조 원 이상) 기본소득토지세(1% 경우 50조 원)와 탄소세(30조~64조 원) 도입 등이 있다고 방안을 제시하였다. 눈에 띄는 것이 다른 기본소득론을 주장하는 이들과 맥락이 닿아 있는 조세 감면분에 대한 축소이다. 현재 조세 감면분은 소득이 높을수록 더 유리하게 작동한다. 기본소득을 제공할 때 모든 국민에게 제공하면 소득재분배 효과가 사라진다고 이야기하는데 현재 부자들에게 유리하게 작동하는 제도가 작동하는 구조 아래서 부의 집중을 막을 수는 없고 오히려 이것이 경제 왜곡에 영향을 더 미친다. 따라서 실제 기본소득을 설계할 때 재원확보를 위해 다양한 방안을 포함하면 기본소득 비판론자들의 비판 근거가 사라질 것이라고 생각한다.

여기에 더해 “망국적 부동산투기를 막아 부동산 시장을 정상화하고, 실거주 1주택자 보유자나 무주택자를 보호하려면 긴급하게 전 국토에 대한 기본소득 토지세를 부과해 전 국민에게 균등 지급해야 한다."라고 강조했다. 소수에게 집중되어 있는 토지 소유를 위협하지 않으면서 토지 소유로 인해 발생하는 경제적 이익에 세금을 부과하는 것이다. 자본주의 체제 아래에서 이익이 나는 곳에 세금이 있다는 말은 기본 상식에 해당한다. 과도하게 이익을 획득하면서 사회적 의무를 다하지 않는 부분을 고치는 것을 생각할 수 있다. 세금에 대해 민감하게 반응할 수도 있다.

그러나 세금을 적게 내고 많은 서비스를 받는다면 무엇이 더 국민에게 이익이 될지를 판단할 수 있을 것이다. 세금 부담과 그로 인한 국가 서비스의 증가가 보편적이고 포괄적으로 제시될 수 있다는 것이다. 국민적 합의를 전제로 한 '기본소득목적세' 도입을 검토하는 것도 세원 확충에 필요한 비슷한 방향이라고 생각한다. 어느 나라에서든지 세금은 누진적이다. 많이 버는 사람이 더 많은 세금을 내는 구조다. 그렇기 때문에 세금이 신설되고 그것이 오롯이 국민에게 돌아간다면 이것은 소득재분배의 효과에 크게 기여한다. 기본소득이 소득재분배 효과에 기여한다고 주장할 수 있는 것은 기본소득을 위해 만들어지는 재원확보 과정에서 이미 소득재분배 효과가 강력한 수단들이 제시될 수 있기 때문이다.

이재명 후보는 "기본소득은 충분한 검증과 재원확보 과정을 거쳐야 하므로 일시 전면 시행은 불가능하고, 가능한 범위에서 시작하여 점진적 단계적으로 확대해야 한다."라며 "장기목표로 차기 임기 내에 시행을 장담하긴 어렵지만, 기본소득 정책의 효능 증명으로 국민적 합의의 토대가 만들어지면 일반적 기본소득목적세 도입도 가능할 것이다."라고 말했다. 이재명 더불어민주당 대통령 후보의 공약을 살펴보면서 기본소득을 주장했던 나의 오랜 연구가 현실적으로 실행 가능할 수 있다는 생각을 하게 되었다.

3. 기본소득에 대한 비판

현재 기본소득에 대한 비판은 크게 두 차원에서 제시된다. 기본소득이 막연하고 무엇을 하려는지 구체적이지 않지만, 예산 계획이 수립되고 예산이 집행되는 과정을 아는 사람들은 일단 부정적으로 이야기한다. 바로 기존 복지 체계를 흔들 것이라는 생각 때문이다. 우파들의 기본소득 논의가 바로 이 지점에서 시작되었다. 복지 체계가 수립되지 않거나 작동하지 않는 상태에서 기본소득은 새로운 대안이 될 수 있다. 반면 복지 체계가 잘 잡혀 있는 지역에서는 복지 체계에 대한 위협이 될 수 있기에 비판의 대상이 된다. 두 차원에서 현재 진행되어온 비판에 대해서 말하고자 한다.

1) 기본소득에 대한 학계의 비판

학계에서 진행되었던 몇 가지 비판에 대해서 언급하고 기본소득을 위한 변호를 할 예정이다.

① 한국경제연구원

○ 보편지급형 기본소득제보다는 선별식 기본소득제인 '안심 소득제'가 보다 효과적이라는 분석을 내놓았다.

○ '안심 소득제의 비용과 경제적 효과 연구보고서'를 통해 저소득층 중심으로 소득에 따라 차등 지원하는 안심 소득제(Safety Income System)가 소득과 상관없이 일정액을 지급하는 보편지급형 기본소득제(Universal Basic Income) 또는 현행 복지제도 확대 방식보다 효과가 크다고 밝혔다.

○ 소득 격차 완화 효과는 크고 노동 시장 및 국내총생산(GDP)에 미치는 부정적 영향은 상대적으로 적다는 설명이다.

○ 보고서는 특히 안심 소득공제를 채택할 경우 처분가능 소득의 지니계수(빈부격차와 계층 간 소득의 불균형 정도를 나타내는 수치, 0에 가까울수록 완전 평등)를 7.0%, 5분위 배율(최상위 20% 평균소득을 최하위 20% 소득으로 나눈 값)을 24.7% 감소시킨다고 분석하였다.

○ 반면, 모두에게 똑같은 액수를 획일적으로 지급하는 보편지급형 기본소득제는 지니계수를 1.2%, 5분위 배율은

3.7%밖에 감소시키지 않는다고 보았다.

○ 모든 가구에 기본소득을 나눠주는 방식보다는 저소득층에 집중적으로 현금을 뿌리면서 불평등을 완화 시키는 게 낫다는 얘기다.

○ 안심 소득제는 실업률을 0.03%포인트밖에 증가시키지 않지만, 보편지급형 기본소득제와 현행 복지제도의 확대는 각각 실업률을 0.30%포인트씩 증가시키는 것으로 분석하였다.

○ 국내총생산(GDP) 감소도 안심 소득제는 0.24%에 그치지만, 보편지급형 기본소득제와 현행 복지제도의 확대는 국내총생산을 각각 0.54%와 0.49% 감소시킬 것으로 분석하였다.

경인종합일보

2021년 06월 10일 (목)
자치의정 04면

경기도의회 원용희 의원 '경기도 기본소득 기본조례' 개정 관련 토론회 개최

경기도의회 건설교통위원회 원용희 의원(더불어민주당, 고양5)은 지난 8일 다양한 형태의 기본소득 정책들이 보다 많이 논의되고 정책화되는 기반마련을 위한 기본소득 기본조례 개정 토론회를 가졌다.

원용희 의원은 "현행 기본소득 기본조례에서 기본소득에 대한 개념 정의를 하고 있으나 청년기본소득 및 재난기본소득과 같은 기본소득 관련 파생조례 또는 개별조례들이 재정 부족 등 현실적 여건 미비로 기본조례의 개념 정의를 완벽하게 충족하지 못하고 있는 상황이다. 하지만 이는 기본소득 정책들의 완성도를 높여가는 과정에서 일어날 수밖에 없는 불가피한 불일치이기에 기본소득의 정의에는 다소 부족하더라도 기본소득으로 확대 인정하는 방향으로 개정해 다양한 형태의 기본소득 정책들이 보다 많이 도입될 수 있는 기반을 만들어 놓고자 한다"고 토론회 개최 이유를 밝혔다.

이에 대해 오동석 교수(아주대학교 법학전문대학원)는 "기본법은 원칙을 규정 하고 개별법에서 이를 구체화하는 형식으로 규정하는 경우가 많다"며 "기본소득 제도의 경우 헌법상의 평등권과 마찬가지로 사회 구성원이 받아들일 수 있는 범위에서 점진적으로 완성해가는 방식을 취할 수밖에 없다"고 말했다.

이어진 논의에서 안효상 이사(한국기본소득한국네트워크)는 "지방자치단체는 전국민을 상대로 기본소득 제도를 도입할 수 없는 생래적 한계를 지니고 있기 때문에 부분적인 기본소득이 꼭 바람직하지 않은 것은 아니다"라며 "기본소득제도에서 앞서 나간다는 유럽연합의 경우에도 농민기본소득이 존재하므로 부분적이라고 하더라도 기본소득의 범주에서 배제할 필요는 없다"고 말했다.

이에, 회의 참석자들 모두는 현행 '경기도 기본 소득 기본조례'의 정의 규정에 부족한 청년기본소득 및 재난기본소득 등 파생조례들을 기본소득의 범주에 들어갈 수 있도록 기본소득 기본조례를 개정해야 한다는

대해서는 공감했으나 다만 조례에 반영하는 구체적인 문구에 대해서는 추가 논의가 필요하다고 합의하고 오늘 논의된 사항들을 참조 해 법학 전문가인 오동석 교수가 2~3개 안을 만들어 제출한 후 다음 토론회 때 확정 짓기로 했다.

한편 이날 회의에는 원용희 의원을 비롯해, 안효상 기본소득한국네트워크 이사, 오동석 아주대학교 법학전문대학원 교수, 경기도 기본소득 관계부서 담당 공무원들이 참석했다.

이승수 기자 jonghapnews.com

TODAY

2021년 06월 10일 (목)
수도권 11면

■ 경기도의회 원용희 의원

경기도 기본소득 기본조례 개정 관련 토론회 개최

경기도의회 건설교통위원회 원용희 의원(더불어민주당, 고양5)은 지난 8일 다양한 형태의 기본소득 정책들이 보다 많이 논의되고 정책화되는 기반마련을 위한 기본소득 기본조례 개정 토론회를 가졌다.

원용희 의원은 "현행 기본소득 기본조례에서 기본소득에 대한 개념 정의를 하고 있으나, 청년기본소득 및 재난기본소득과 같은 기본소득 관련 파생조례 또는 개별조례들이 재정 부족 등 현실적 여건 미비로 기본조례의 개념 정의를 완벽하게 충족하지 못하고 있는 상황이다.

하지만 이는 기본소득 정책들의 완성도를 높여가는 과정에서 일어날 수밖에 없는 불가피한 불일치이기에, 기본소득의 정의에는 다소 부족하더라도, 기본소득으로 확대 인정하는 방향으로 개정해, 다양한 형태의 기본소득 정책들이 보다 많이 도입될 수 있는 기반을 만들어 놓고자 한다"고 토론회 개최 이유를 밝혔다.

/허필숙 기자 hpsookjsh@dtoday.co.kr

② 이상이 제주대 의학전문대학원 교수

○ "기본소득 도입은 보편적 복지국가의 길을 가로막고 이 나라를 망치는 포퓰리즘 정치"라고 질타하였다.

○ "현재 민주당 당론은 '보편적 복지국가'다. 그런데 기본소득은 보편적 복지와 복지국가를 그만하자는 주장이다. 기본소득은 보편적 복지국가의 하위개념이나 발전개념이 전혀 아니다. 보편적 복지국가를 가로막는 제도일 뿐이다."라고 말하였다.

○ "기본소득은 220년이나 된 낡은 '무차별적 획일주의' 담

론"이라고 비판하였다.

○ 220년 전과 달리 국가는 정교한 행정조직을 갖추고 있고, 지금의 복지 행정 체계는 정확하게 '복지의 필요'를 평가할 수 있으며, 필요에 상응하는 지원이 가능하고 말하였다.

○ 북유럽은 실제 복지국가의 표상이 됐고 우리도 이젠 필요 맞춤형으로 적절하게 재정 지원을 할 수 있으며 필요한 곳에 재정이 들어가는 게 진보라고 주장하였다.

○ "국가 부채 1,000조 원 시대이며, GDP 대비 정부 부채 비율이 50%인 시대다. 국세 수입은 300조 원 남짓인데 세출은 400조 원이 넘다 보니 나머지는 국채 발행으로 채우고 있다. 기존 복지 수요를 충족시키는 데에도 정부 재원은 부족한 것이다. 저출산 및 고령화가 가속하면서 복지 수요는 더 커지고 있다. 국채를 늘려나갈 수밖에 없는 상황에서 20조 원을 빼서 전 국민에게 2만 원씩 지급한다? 정상적인 사람이라면 가질 수 없는 공상이다. 국민과 당원을 속이는 것이다. 거대한 포퓰리즘이다."라며 비판하였다.

○ 대한민국이 복지국가로 나아가는 데 있어서 상위 10~20% 계층의 조세 부담은 중요한데, 이들의 부담이 매우 커질 것이며, 조세 저항도 거세질 수 있다.

○ 어떤 재정지출이 효과를 극대화할 수 있는가를 고민해

야 하는데, 기본소득은 복지·경제효과가 가장 낮은 저열한 정책이다.

- 복지, 경제, 소득재분배가 가장 큰 영역은 교육과 보육 등에 지출을 늘리는 것으로 정부가 보육에 재원을 투입하면, 아이들 식사를 위한 식자재 소비, 보육 선생님들의 임금 등으로 소비되지 누군가의 저축으로 저장되지 않는다.
- 정부의 직접 지출은 재정의 승수효과가 크며, 제일 열등한 방식이 재정을 현금으로 뿌리는 것이다.
- 물론, 기초생활 보장 수급자나 차상위 계층에 복지비를 준다든지 실업자들에게 실업급여를 지급하기도 하지만 이들이 지원금의 100%를 다 사용한다고 할 수 없다.
- 정부 소비보다 현금 지출은 재정 효과가 떨어지며, 기본소득은 한계소비성향이 낮은 부자에게도 돈을 똑같이 주자는 건데 소득재분배 효과도 적다.

○ 그리고 시민사회에서 논의가 출발했던 스위스에서도 2016년 기본소득 도입이 국민투표에 부쳐졌으나 77%가 반대해 부결되었다.

③ 성태윤 연세대 경제학과 교수

○ "전 국민 기본소득(연 100만 원 기준) 지급을 위해서는 연 50조 원의 재원이 필요하다."라며 "기본소득을 위해

서는 증세가 불가피한데 증세는 저소득층에도 조세 부담을 준다."라고 우려하였다.

○ "탄소세 · 데이터세 · 로봇세 등 새로운 세금으로 재원을 조달하자고 하는데 석유처럼 특정 자연자원을 국가가 직접 보유하고 이를 통해 대규모 수입을 거둘 수 있는 경우가 아니라면 이런 특정 목적의 세원으로 대규모 재원이 필요한 기본소득의 예산을 계속 조달하기는 쉽지 않다."라고 지적하였다.

○ "만약 기본소득처럼 보편적 지출을 계획한다면 결국 3대 주요 세원인 소득세 · 부가가치세 · 법인세 가운데 하나를 인상해야 할 가능성이 크다."라며 "그러나 법인세는 국가 간 조세 경쟁이 심해 추가 인상 시 기업 활동에 부담이 더욱 커질 수 있고, 부가가치세 인상은 조세저항이 심할 뿐만 아니라 소득과 관계없이 적용되기 때문에 소득이 낮은 사람이 부담을 더 느끼는 역진성 문제가 있다. 소득세도 이미 고소득자 세율은 상당히 높아서 실제로 고소득자에 한정해 세금을 인상하면 재원을 크게 확보하기란 어려울 것"이라고 진단하였다.

④ 이우진 고려대 경제학과 교수

○ 기본소득론을 '조삼모사'라고 비판하였다.

○ 비슷한 액수의 재원이 들어가는 경우를 가정한 뒤 "안

심 소득이 기본소득에 비해 분배개선 효과가 탁월하다." 라며 "안심 소득은 비슷한 액수의 재원을 선택과 집중이라는 방식으로 사용하기 때문"이라고 설명하였다.

○ 모두에 똑같은 액수를 나눠주는 경우엔 기본소득이 안심 소득과 비교해 분배개선 효과가 우월한 것으로 나타나지만, "이러한(미미한) 분배개선을 얻기 위해 기본소득은 안심 소득보다 3배나 많은 재원을 필요로 한다."라고 지적하였다.

○ 하지만 기본소득과 안심 소득 모두 "가성비가 좋지 않은 현금성 복지"에 불과하다고 평가하였다.

○ "안심 소득과 기본소득에 들어갈 예산 일부만 국민기초생활보장제도와 근로장려금 제도 등의 확대, 강화에 투입해도 두 정책이 기대하는 효과를 충분히 얻을 수 있다."라고 강조하였다.

사실 기본소득에 대한 비판은 막대한 예산이 소요되는 것과 그것에서 기인한 기본소득의 실현 가능성, 실현과정에서 현 복지 체제를 흔들 가능성, 세금 증세와 그로 인한 투자 감소와 경기침체 등으로 요약된다. 이런 비판은 기본소득을 주장하는 통일된 주장이 없어 오해에서 비롯된 경우가 대다수다. 기본소득을 연구하고 발표하고 소통하는 이들은 많다. 그러나 태어난 지 얼마 되지 않아, 오랜 기간 학문적으로나 경험적으로 증명되지 않았기 때문에 통일된 주장이나 개념이 보편적으로 받아들여지지 않은 상태이다. 그러다 보니 처한 위치에 따라서 기본소득을 다르게 바라본다. 기본소득은 “우파의 논리이다.” 혹은 “좌파의 논리이다.”라는 식의 오해가 기본소득 논의가 진전하는 데 방해 요소가 되기도 한다.

2) 기본소득의 비판에 대한 반론

기본소득에 대한 반론은 기본소득이 복지에 한정되는 것이 아니라 경제의 파이를 키워 복지를 확대하는 것임을 밝히는 것을 골자로 한다. 그리고 석유 같은 자원은 아니지만, AI와 같은 비생산 분야의 지식 자산들에 대한 세금 증세를 통해서 현재 일어나고 있는 수확 체증의 법칙이 적용되고 막대한 이익이 소수에게 집중되는 시점에 그 이익이 지속될 수 있고 석유와 같은 자원처럼 지속적 확대가 가능하기 때문에 해당 영역으로부터 자원을 추출할 수 있다는 미래 지향적인 경제 분석에 근거하고 있다. 행정기구에 낭비되는 세원을 절약하고 부자 중심으로 가하는 절세의 가능성을 차단하고 부의 생산에 세금을 부과하여 전 국민 증세 없이도 가능하며 이를 통해 진작되는 소비가 다시 경제 선순환 구조에 영향을 미칠 수 있도록 전면적인 체질 개선을 하는 것을 기초로 하고 있다.

① 바네르지 교수

○ "케냐 등에서 기본소득 실험을 한 결과 사람들이 무조건적으로 현금 지급을 받는다고 게을러진다거나 노동공급에 부정적인 영향을 끼친다는 증거는 없었다."라며 기본소득의 보편적 확산에 대한 가능성을 확인했다는 메시지를 전했다.

② 이한주 가천대 석좌교수

○ "기본소득은 복지라는 텐트의 가장 밑자락에 깔리는 '방수포' 역할을 한다. 송파 세 모녀 사건 같은 비극을 막을 수 있다."라고 밝혔다.

○ "기본소득은 가난을 증명하지 않아도 되는 가장 예의 있는 복지"라고 강조하였다.

○ "기본소득은 복지라는 '텐트'의 가장 밑자락에 까는 '방수포' 역할을 할 수 있다. 여러 층위로 구성된 복지 체계를 텐트라고 해보자. 지금 한국 사회는 사회보장 시스템이 충분하지 않다. 저성장 속 불평등이 가속화하면서 어떤 개인들은 정말 큰 어려움을 겪고 있다. 텐트에서 그냥 이불 깔고 자면 축축해져서 안 된다. 당장은 얇은 방수포지만, 절박한 상황을 막을 수 있다. 기본소득이라는 방수포를 한 겹 깔면 최소한의 삶을 지켜줄 수 있다."라고 말하였다.

○ "한국 사람들은 정말 자존심이 강하다. 돈을 줘도 툭 던져주면 싫어한다. 기본소득은 돈을 주는 방식 중 가장 예의 바른 방법이다. 지금 시스템에서는 가난을 증명해야 한다. 기본소득 시스템에선 가난을 증명하지 않고 나의 권리를 요구할 수 있다."라고 말하였다.

○ "사람은 누구나 다 굴러떨어질 수 있다는 두려움이 있다. 하지만 내 삶이 큰 위험에 처했을 때 국가가 나를 지원해줄 것이라는 믿음이 있다면, 세상이 무너져도 살아낼 수 있다. 월 8만 원이라는 액수는 삶의 마지막 순간에 서 있다고 생각하면 적은 금액이 아니다. 과소평가하면 안 된다. 또 지금은 방수포지만 나중엔 두꺼운 에어 매트리스가 될 수도 있다."라고 말하였다.

○ '기본소득토지세' 도입은 보유세 강화로 투기를 차단하고 이를 소득 양극화를 완화하기 위한 기본소득 재원으로 선순환시키겠다는 구상인데, 토지 보유에 따라 세금을 내더라도 국민의 90%에겐 기본소득으로 되돌려주는 방식으로 조세 저항을 누그러뜨릴 수 있고, 정책 시행 1년 전에 예비고지하여 충분한 시뮬레이션을 거치고 공론화 작업을 하면 불안감의 상당 부분을 해소하여 국민 10명 중 9명은 동의하게 만들 수 있다고 보았다.

○ 노동을 통한 소득이 없는 세상에서의 소비 진작 역시 기본소득의 효과이다.

○ "사람들이 일이 없어 소득이 없어지면 기계와 인공지능이 아무리 많이 생산해도 살 사람이 없어 못 팔고, 경기는 침체된다."라면서 "경기 선순환을 위해서도 기본소득은 필요하다."라고 주장하였다.

○ 재원에 대해선 "단기적으로는 국민 부담 증가 없이 예산 절감으로 연 25조 원을 마련해 1인당 50만 원을 전・후반기로 나눠 지급해야 한다."라고 주장하였다.

○ 도입 초기에는 증세 없이 지급해 국민 동의를 높이고 장기적으로 GDP가 3,000조~4,000조 원에 이를 때 탄소세, 데이터세, 토지세 등 공유부 세금을 도입하자는 의견이다.

③ 강남훈 교수

○ 기본소득의 구조는 고소득층은 더 많은 세금을 내고 그보다 적은 기본소득을 받게 되고, 저소득층은 낸 세금보다 많은 금액을 가져가게 된다고 주장하였다.

○ 전체 가구의 하위 82%가 낸 것보다 많이 챙겨갈 수 있는 상태에 놓이게 되는 만큼 대부분의 중산층 가구는 혜택을 받게 되지만, 상위 18%는 받은 것보다 낸 것이 많은 상태에 놓이게 된다고 말하였다.

○ 기본소득의 "연 50만 원을 지급하는 초기 형태에서는 경제 활성화 효과가 먼저 나타날 수 있다."라면서도 "월

50만 원을 지급하는 최종 형태의 기본소득에서는 복지 정책이 주된 효과가 될 것"이라고 설명하였다.

○ "어떤 사람들은 4차산업혁명에서 중산층 일자리가 없어지는 상황은 아직 오지 않았다고 주장한다."라면서 "하지만 중위소득의 50~150%를 중산층으로 본다면, 개인이 버는 돈이 월 300만 원 정도다. 지금 중산층은 옛날보다 상대적인 소득 수준이 낮고 일도 험한 데다 정규직이 많이 없어졌다."라고 설명하였다.

○ 이어 "중산층의 표준적 모습은 이미 불안정 노동자, 영세 자영업자, 비정규직이 됐다."라고 덧붙였다.

○ "세상은 풍요로운데 사람들은 가난해진다."라면서 "노동 없이도 일정한 소득을 분배할 방법에 대한 고민이 필요하고, 이는 기본소득 논의의 출발"이라고 하였다.

○ 토지를 공유 개념에 포함하면서 토지보유세를 강조하였고, "재원으로 토지보유세 0.5%포인트만 일괄적으로 추가 과세해도 30조 원"이라고 설명하였다.

○ 기본소득을 단계적으로 접근할 때 주의할 점은 기본소득은 다른 사회서비스와 결합되어 제공되어야 하며, 상대적으로 불리한 계층, 취약계층 또는 중저소득층의 처지를 악화시키는 방식으로 사회서비스나 수당을 대체하는 것을 경계해야 한다.

○ 스위스에서 기본소득론자들이 국민투표에서 패배한 이

유는 매달 300만 원을 주는 급진적 모델을 제시해 비현실적이라는 비판을 받았기 때문이다.

- 하지만, 출발 당시 지지율이 3%대였으나 거의 30%대까지 끌어올렸다.
- 급진적으로 도입되지 않았다면 더 많은 지지를 얻을 수 있었을 것이다.

○ 핀란드 실험을 통해서는 그동안 기본소득이 노동 유인을 떨어뜨린다는 주장이 있었는데 실험 결과 노동 유인이 줄지 않은 것을 볼 수 있다.

- 그리고 기본소득을 받는 사람들의 행복도가 증가했으며, 눈에 띄는 건 구직활동을 공무원에게 증명해야 하는 스트레스를 받지 않기에 실험자들의 의료비 청구액이 꽤 줄었다는 점이다.

④ 기타

○ 기본소득은 복지 사각지대를 근본적으로 해소한다.

- 한국의 복지지출 규모가 점차 증가하고 있지만, 아직도 많은 취약계층이 복지 사각지대에 방치되어 있다.
- 사회적 보호를 가장 필요로 하는 불안정 저소득 노동자와 영세 자영업자의 다수가 고용보험이나 공적 연금에서 배제되어 있다.
- 고용보험은 고용이 불안정한 비정규직자에게 더 절실하

게 필요한데, 비정규직의 절반 이상이 고용보험 미가입자이다.

- 이들 중 대다수가 국민연금 미가입자이기도 하고, 이들 중 많은 수가 최저임금 미만의 임금을 받고 있다.
- 결국, 고용보험이나 공적 연금이나 노동 시장에서 가장 열악한 처지에 있는 이들에게는 도움을 못 주고, 노동 시장의 양극화가 사회보장의 양극화로 재생산된다.

○ 기본소득은 기존 복지 급여와 달리 일을 해서 소득을 올려도 수급액이 깎이거나 수급 자격을 잃지 않으므로 근로 의욕을 해치지 않고 수급자의 자립, 자활을 도와준다.

○ 낮은 수준의 기본소득으로 기존의 복지 급여를 전면 대체하지 않고 기본소득만큼만 부분 대체하거나 기본소득을 추가로 지급해주면, 비록 낮은 수준의 기본소득이라도 수급자에게 그만큼의 실질적인 자유를 줄 수 있다.

○ 가사 및 돌봄 노동과 자원봉사 등 무급노동에 대한 최소한의 보상의 성격도 지닌다.

○ 기본소득은 복지정책에 머무르지 않고 '복지적 경제정책'이라고 할 수 있다.

- 기본소득을 소멸성 지역화폐로 지급하면 골목상권을 활성화하여 균형 있는 경제성장에도 도움이 된다.
- 전국적으로 시행하면 지역화폐는 의미가 없다는 반론이

있지만, 소멸성으로 소비 진작 효과를 높이는 효과와 소비를 백화점과 같은 대형 유통업체나 유흥업소가 아닌 골목상권과 전통시장 등으로 유인하는 것은 여전히 큰 의미가 있다.

- 기본소득은 전환적 공정 성장에 필수적인 경제개혁을 앞당긴다.
- 특히 기본소득의 재원으로 선택한 토지보유세와 탄소세의 도입은 기본소득이 아니더라도 지가안정 및 불로소득 환수, 탄소 중립을 통해 기후 위기의 극복 등 우리 사회에 꼭 필요한 조치들이다.
- 그러나 기본소득 없이 그냥 토지보유세와 탄소세를 도입하려 하면 광범위한 조세 저항에 부딪힐 수 있다.
- 따라서 기본소득 탄소세와 기본소득 토지세는 시장실패를 교정하여 효율성을 높이는 성장정책이자 불평등을 완화하는 분배정책으로써 두 마리 토끼를 한꺼번에 잡는 창의적인 정책이다.
- 탄소 세수의 일부를 전 국민에게 동등 분배하는 탄소배당 기본소득은 이러한 가계 부담을 상쇄하고도 남아 소득재분배 효과까지 거둘 수 있다.
- 토지보유세도 부동산투기와 불로소득이 경제적 효율성을 해치는 상황에서 부동산 시장의 실패를 교정하는 광의의 교정 과세라고 할 수 있다.

- 보편적인 토지보유세는 토지 보유가 많을수록 부담이 커져 자동으로 부동산투기 억제, 불로소득 환수 및 지가 안정의 효과를 낳는다.
- 더욱이 토지배당 기본소득으로 무주택자는 물론 다수의 1주택 서민과 중산층까지 보유세 부담보다 받는 금액이 더 많고 소수의 땅 부자만 순 부담자가 되어 분배 정의를 실현하는 일석이조의 효과를 지니게 된다.
- 그리고 보편적인 토지보유세를 가령 공시지가의 0.5%에서 1.5% 또는 2% 정도까지의 완만한 누진세로 도입하면, 조세 저항의 명분도 없고 전체 지가가 안정되는 효과를 가져올 수 있다.
- 토지에 대해서 건물보다 더 무거운 세금을 부과하면 토지 이용의 효율성이 높아지고, 임대료 전가의 부작용도 없어진다.

○ 기본소득을 주장하는 사람들은 4차산업혁명 이후 사회에서 발생할 극단적 양극화의 해소를 도입 근거로 삼는다.
- 4차산업혁명 이후 인공지능이 대부분의 인간 직업을 대체하고 일부 고숙련 일자리만 남는데 이 경우 중산층이 종사해왔던 전통적 직업체계가 무너지면서 극단적 양극화가 생기기 때문이다.

○ 분배의 효율성 역시 이들이 꼽는 기본소득의 장점이다.

- 현행 선별복지 방식은 '누가 저소득층인가'를 선별하기 위해 분류하는 작업, 보조금을 지급하는 작업에 행정비용이 들어간다.
- 그리고 이 과정에서 저소득층이 아닌데도 '꼼수'로 보조금을 받아 가는 불공정성 문제도 발생한다.
- 그러나 기본소득은 모두에게 똑같은 금액을 나눠주는 만큼 이 문제를 해결할 수 있다.

4. 복지국가의 재등장

1) 복지국가의 필요성과 이낙연 전 대표의 8대 신복지

① 복지국가의 필요성

이낙연 전 대표의 8대 신복지 구상을 보면 우리가 왜 복지국가가 필요한지를 정확히 이해하고 제시한 것으로 보인다. 내용을 보면 복지국가의 방향성을 정확하게 짚어내고 있다. 무엇보다 지향하는 바가 복지국가가 평등, 소득재분배, 인간의 존엄성, 우리 사회의 구성원 사이 유대 등을 실현하기 위해서 우리 사회가 실현하는데 필요한 부분에 집중하고 있기 때문이다. 이런 가치 지향적이고 규범적인 목표와 실제 경제적 효율성을 달성할 수 있는 것도 중요한 요소이다. 기본소득은 경제의 영역에서 충분히 다루어질 수 있음을 이재명 후보가 지적했듯이 8대 신복지도 경제적인 7가지 이유에 충분히 부합하는 내용을 담고 있다. 복지국가의 필요성이 경제적 효율성을 제시할 수 있는 첫 번째 조건은 사회복지 재화나 서비스가 공공재 성격을 가지고 있다는 점이다. 시장의 실패를 국가의 개입으로 우리 사회 구성원들이 원하는 배분이 이뤄지도록 하는 것이 필요한 데 사적 시장에 의존하는 방식으로는 시장이 확대되고 이익을 얻는 사람은 소수이고 다수가 배제되는 현상이 발생한다. 국가의 사무는 국민 다수에 안녕을 보장해주는 것이다. 복지는 비경쟁적이고 비배타적인 특징이 있다. 그래서 사용자와 비사용자 혹은 구매자와 비구매자를 구별할 수 없기 때문에 공공재는 개인이 감당할 수없다. 그러나 공공재가 제공되면 사람들은 그것을 사용하기를 주저하지 않는다. 복지의 공공재 성격은 이런 경제적인 특징에 근거하고 있다. 경제 구조의 변화 속에서 국민 다수에게 공공재로서 복지를 제공해야 한다.

두 번째는 외부효과다. 시장에서 교환 관계를 형성하는 이들 이외의 다른 요인들이 늘 교환 관계를 형성하는 개인들에게 영향을 미친다. 한 마디로 강 하구에서 경제 행위를 하는 사람이 강 상류에서 방류하는 오염 물질로 인해 경제 행위를 하지 못하는 것과 같은 것이다. 누가 책임을 져야 하는가? 국가이다. 국가가 강의 오염 물질을 상류에서 방류하는 사람이 그 행위를 하지 못하도록 만드는 개입을 통해 관계가 작동하도록 만드는 것이다. 누군가의 선택이 다른 사람에게 긍정적이거나 부정적 영향을 미치는 것을 외부효과라고 하는데 복지에서 한 사람의 선택이 다른 사람에게 혜택이 가지 않도록 하는 것을 방지하려면 복지국가가 필요하다고 한다. 그런데 기본소득이 바로 이런 점 때문에 필요하다. 한쪽에 자원이 가면 다른 쪽의 자원이 차단되는 현상을 방지하기 위해서라도 기본소득이 필요하다. 결국, 국가의 개입이 긍정적인 외부효과를 창출하는 것이 복지국가가 필요한 이유이고 기본소득은 외부효과를 줄일 수 있는 제도이며 복지국가 틀 안에서 충분히 논의될 수 있는 여지를 보인다.

복지국가의 필요성 세 번째는 불완전한 정보이다. 합리적인 선택을 통해 효용의 극대화를 추구하는 이들은 시장에서 왜곡되고 비효율적 자원 배분 현상을 보게 된다. 이유는 필요한 정보를 충분히 획득하지 못하기 때문이다. 현재 공공부조제도가 가지는 문제점 중의 하나는 너무나 많은 제도와 많은 제약이 있어서 사각지대가 발생한다는 점이다. 국가의 인프라 부족과 수혜자를 나누는 기준이 절대적이지만 관료제의 시스템에 의해서 엄격하고 보수적으로 집행되다 보니 복지정보를 이해하고 자신에게 유리하게 활용할 수 있는 기회가 적다. 따라서 기본소득을 통해서 행정절차와 예외 규정 등에서 벗어나 복지 혜택을 누릴 수 있는 기회를 제공해야 한다.

네 번째는 역의 선택을 방지하는 것이다. 보험은 좋은 예일 것이다. 육체노동을 하는 사람은 신체 상해 관련된 보험을 들기 어렵거나 비싸다. 다칠 위험이 있기 때문이다. 보험을 청구할 가능성이 높은 사람(위험에 처할 가능성이 높은 사람)을 위해서 보험이 만들어졌지만, 이익을 위하는 보험 회사 입장에서는 보험료를 청구할 가능성이 낮은 사람에게 저렴하게 보험 서비스를 제공한다. 필요한 사람에게는 저렴하게 제공되어야 하지만 반대의 현상이 발생하는 것이다. 이것이 복지국가의 필요성이라고 주장한다. 그런데 문제는 이런 현상 때문에 기본소득이 필요한 것이다. 복잡하고 많은 규제를 회피하면서 수혜자들은 자신들에게 제공되는 혜택을 많이 받고자 한다.

그래서 도덕적 해이가 발생한다. 도덕적 해이는 복지국가의 필요성 다섯 번째 요소이다. 실비보험의 과도한 청구를 좋은 예일 것이다. 시장에서는 한 개인이 한 보험에 가입하면, 보험비를 계속 내고 아무 문제가 없으면 보험료는 사라지게 된다. 그때 개인은 보험료 낸 것이 아까워서 위험 발생을 줄이려고 노력하지 않고 보험의 수혜자가 되려고 한다. 시장 상품으로서의 사회서비스나 복지 제도는 개인들을 도덕적 해이에 빠지도록 유혹한다. 실비보험이 소수의 병원과 소비자들에게 이익이 집중되도록 만드는 결과를 가져오는 것도 의료의 공공성이 아닌 재화와 용역의 관점에서 설계되어 있기 때문이다. 실비 없이도 건강하게 살 수 있는 환경을 제공하는 것이 복지국가를 요구하는 것이다.

무엇보다 복지가 국가의 서비스이어야만 하는 것도 위험 발생이 상호 의존적이기 때문이다. 복지가 제공하는 다섯 영역은 상호 연계가 되어 있다. 이미 전 저술에서 복지의 총체성을 이야기하였다. 하나에서 위험이 발생하면 다른 영역으로 그 위험이 퍼진다. 실업이 발생하면 건강을 해칠 수 있거나 다른 물적 손실을 감당해야 한다. 그럴 경우 소득이 줄어들고 소득이 줄어들면 필요 소비를 제한해야 한다. 건강이 나빠질 수 있고 재생산에 필요한 재화를 소비하지 못할 수도 있다. 그러면 계속 저소득과 실업의 상태에 빠질 수밖에 없다. 기본소득은 이때 어느 부분에서 먼저 사용해야 하는지를 국가가 판단하지 않고 당사자에게 맡길 수 있는 마음의 여유를 제공할 수 있다. 위험의 상호 의존이 복지국가의 필요성을 이야기한다면 이것이 진정으로 기본소득의 필요성을 드러내주는 것이라고 할 수 있다. 마지막으로 규모의 경제이다. 재화를 대규모로 싼 가격에 공급하는 것이 복지국가의 기능이었다면 사실 지금 같은 것을 저렴하게 공급하는 것보다 개인들이 선택하도록 해서 수요를 만들어 내는 것이 필요하다. 국가가 일일이 모든 것에 개입해서 소품종 대량생산이 아닌 다품종 소량생산의 시스템에 개인을 적응시키기는 어렵다. 따라서 개인들의 선택의 폭을 넓혀주기 위해서는 기본소득이 제공되어야 한다. 당사자가 자신에게 가장 필요한 것이 무엇인지를 가장 잘 알기 때문이다.

아래에는 이낙연 전 대표의 8대 신복지 내용이 있다. 왜 복지국가가 필요한지를 잘 설명하고 있다고 생각한다. 나는 그것이 바로 기본소득이 필요한 이유이기도 하다고 본다. 무엇보다 이렇게 세세하게 잘 짜여진 복지를 제공하려면 더 많은 행정비용이 들 것이다. 그것을 줄이면서 더 많은 예산을 복지에 활용할 수 있는 것이 바로 기본소득이다. 그렇다고 공공부조와 사회서비스 예산 전체를 없애자는 것이 절대 아니다.

② 이낙연 전 대표의 8대 신복지

(1) 소득

○ 수당제도의 전면적 정비, 확대

- 영유아기 집중투자(만 5세까지 월 100만 원 영유아수당 지급)
- 아동수당을 18세까지 확대
- 아프면 집에서 쉴 수 있는 전 국민 '상병수당'을 임기내에 완성
- 국민취업제도의 구직 촉진 수당을 대폭 확대해 청년에게 청년수당이, 신중년에게는 직업교육 수당이 지급

○ 공적 연금만으로 안정된 노후가 보장되는 '공적연금 최

저생활비 보장정책'을 시행

- 국민연금과 기초연금을 합친 금액이 1인 가구 최소생활비를 보장하도록 공적 연금 제도 개편
- 기초연금은 취약한 노인을 우선 두텁게 보호하는 방향으로 추진

○ 국민의 최저생활을 보장하는 '최저소득보장제도'를 도입

- 최저소득보장제도: 경제・사회적 위기에도 취약계층이 최저한의 소득을 보장받을 수 있음
- 최저소득보장제도'는 부양 의무자 기준 완전 폐지, 대상자 선정에서 재산 기준 대폭 완화, 그리고 소득 기준 인상 등 세 가지를 원칙으로 함
- 현행 기초생활보장법의 생계급여 제도를 혁신적으로 개편하는 새로운 빈곤 대책이 될 것임
- 올해 10월 1일부터 생계급여 부양 의무자 기준이 60년 만에 폐지됨, 다음 정부에서 이 조치가 제대로 작동되도록 관리하겠음
- 재산 기준도 대폭 완화해 허름한 집 한 채 때문에 기초소득보장제도에서 제외되는 일이 없도록 함
- 기초생활보장 제도의 생계급여 선정기준을 국제적 빈곤기준인 중위소득 50%까지 상향하는 것을 목표로 단계적으로 조정
- 최저소득보장제도가 도입되면 기초생활보장 제도와 근

로장려세제가 근간을 이루는 저소득층의 소득보장제도가 획기적으로 재편될 것임

- 두 제도를 발전적으로 통합하고, 동시에 여기저기 흩어져 있는 취약계층 관련 예산과 제도를 조정

(2) 의료

○ 지방부터 공공의료를 확충

- 2025년까지 필수 의료 서비스가 제공되지 못하는 의정부권, 진주권 등 지방 17개 진료권에 공공의료기관 17개를 신설하거나 이전 증축
- 산부인과 등 필수 의료 서비스가 제공되도록 하겠음
- 지역 의료 격차 해소를 위한 의사 증원과 지역 의사제 도입

○ 대규모 전염병에 대처하기 위한 '국가 감염병 체계'를 구축

- 2025년까지 중앙과 지방 권역 9곳에 감염병 전문병원을 신축
- 70개 지역권에 감염병 전문 병동을 설치
- 모든 보건소에 감염병 센터를 확충해 어떤 팬데믹에도 국민 누구나 안심하고 생업에 종사할 수 있도록 하겠음

○ 모든 아이의 건강한 출발을 위해 산전·조기 아동기 방문 건강 관리 사업을 시행

- 임신부터 생후 2세까지 방문 건강관리를 제공해 건강 불평등을 해소

○ 국민 의료비 부담을 더 낮게!

- 전 국민 주치의제
- 간병비 국가책임제
- 중증 정신 질환 국가책임제
- 실손의료보험 부담을 절반

○ 자살 예방

(3) 노동

○ 문재인 정부에서 선언한 전 국민 고용보험제도를 조기에 달성해 영세사업장 노동자와 자영업자, 특고·플랫폼 종사자들이 일자리를 잃어도 최소한의 생계가 보장되도록 하겠음

○ 나아가 2030년까지 전 국민 사회보험 시대를 열겠음

○ 플랫폼 노동자를 위한 공정임금을 보장

- 플랫폼 종사자 보호법을 제정
- 플랫폼 노동 분쟁해결기구 설치
- 플랫폼노동 상시모니터링 시스템 구축
- 플랫폼 최저임금제 및 적정 수수료 도입 등을 추진

○ 그린 성장을 위한 적정임금(Prevailing Wage) 제도 도입

- 그린 성장으로 신규 일자리 창출 시 저임금 우려 해소

○ 전 연령 모든 국민이 원하는 직업을 가질 수 있도록 지원

- 모든 국민이 어느 연령에서도 원하는 직업을 가질 수 있도록 생애 통합적 진로 개발을 지원하는 고용서비스 체계를 구축
- 생애주기별 직업교육
- 교육부, 고용노동부 등 여러 부처에 흩어져 있는 고용 관련 서비스의 혁신
- 대통령 산하 기획단을 설치해 개혁방안을 수립하고 실천

○ 한국형 육아보험 제도 도입을 적극적으로 검토

- 부모님들이 경제적 걱정 없이 안심하고 육아휴직을 할 수 있는 공적 보험제도가 필요
- 고용보험기금은 실업 대책에 집중하고, 육아 보험기금이 육아휴직을 비롯한 출산 전후 휴가, 난임 치료 휴가 등을 맡는다면 각 기금의 지속가능성도 높일 수 있음
- 학부모를 위한 주4일제 시행
- 초등학교 자녀를 키우는 맞벌이 부부 중 원하는 부모에 대해서는 주4일제가 가능하도록 육아기 근로시간 단축 제도를 확대

○ 건설업 적정임금제

○ 일터주치의 도입

(4) 돌봄

○ 공공 보육 이용률 제고

○ 노인장기요양 품질 고도화

- 요양병원 병실당 최대 수용 인원 2명으로 조정

○ 아동학대 공적 대응체계 확충

○ 발달장애인 국가책임제

○ 온종일 돌봄 비율 40% 확대

○ 시·군·구별 공공 노인요양시설 1곳 이상 설치

(5) 교육

○ 초중등 학급당 학생 수 적정화

○ 보육교사 1인당 영유아 수 적정화

○ 만 5세 유아 의무교육제

○ 온종일 초등학교제

○ 적정학력보장제

(6) 주거

○ 청년 주거급여 확대

○ 최소 주거면적 상향

○ 지옥고 탈출 제도화: 주거 상향 지원 사업 대폭 확대

○ 적정 주거기준 도입 및 고품질 공공주택 공급

○ 1인 가구 전용 주택공급 확대

○ 혼자 살아도 안심할 수 있는 주거환경 조성

○ 장기공공임대주택 재고율 15% 달성

(7) **문화**

○ 생활 SOC 확충으로 공공 여가 서비스 접근성 제고

○ 공공 스포츠 클럽 시설 확대 및 동호회 증가 지원

○ 생애주기별 문화바우처 지급

○ 사각지대 예술인 보호

(8) **환경**

○ 국가 온실가스 감축 목표 상향

○ 순환 경제 실현

○ 깨끗한 물과 맑은 공기 보장

○ 생활권 도시녹지 확충

○ 기후 위기 극복을 위한 기후·환경학습권 보장

2) 기본소득과 복지국가

기본소득이 목표하는 바는 정부의 공공부조 시스템을 파괴하거나 저소득층, 노인, 장애인 등 사회적 약자를 위한 복지 체계를 흔들어 불평등을 심화시키는 것이 아니다. 오히려 기존에 복지국가 체계 안에서 일어날 수밖에 없는 복지 사각지대를 효율적으로 방지하면서 복지국가 체계를 더욱 완성하는

것이 기본소득의 목표이다. 기본소득은 복지 자원이 제로섬 게임에 의해서 갈등의 요소가 된다는 점을 방지하고 사회통합에 기여하는 것을 목표로 한다. 모두가 대한민국 국민으로서 국가의 보호를 받을 자격이 있다. 모두가 수혜자이지만 부담은 현재 시스템에서 이익을 확장해가는 이들이 될 수 있다. 재원 마련에서 부자들에게 당장 증세하는 것보다 현재 감세해온 관행을 타파하는 것이 우선이 되어야 하는 이유이기도 하다. 기본소득에 대해 비판하는 이들의 한쪽에서는 "복지국가 체계를 흔들 것이다."라며 약자에 대한 지원보다 부자를 지원한다는 것에 초점을 두고 다른 한쪽에서는 복지 포퓰리즘이라고 비판한다. 복지 포퓰리즘이라고 비판하는 비판의 핵심은 공공부조에만 초점을 두고 미래를 대비하는 국가가 제공하는 복지국가의 근본인 사회서비스의 영역을 부정하는 것으로 보편 복지보다는 약자에게만 선별적인 혜택을 충분히 제공하자고 한다. 그런데 실은 충분히 제공하지 못한다. 그게 문제였고 앞으로도 문제이다.

이미 알다시피 빈곤층을 위한 소득보장제도에는 공공부조가 있다. 사회수당이나 사회보험은 빈곤층을 위한 보장이 아니다. 에덜리(Eardely, et al.1996)는 공공부조를 '자산조사에 기초하여 필요한 사람들에게 최저생활을 보장하기 위해 제공되는 급여와 서비스의 총칭'으로 정의했다. 그러나 공공부조에만 집중하면 현실에서 복지를 말 그대로 결과만 강조하는 사후처방적 요소만 가진 것으로 축소시킨다. 코르피와 Korpi and Palme. 1998)는 '재분배의 역설론'을 통해 공공부조의 역할이 제한적인 북유럽 국가에 비해, 공공부조의 역할이 지배적인 자유주의 국가들에서 빈곤율 및 불평등 수준이 높다는 것을 실증적으로 보여주었다. 우리나라의 대표적 공공부조인 국민기초생활보장제도는 몇 가지 중요한 한계가 있다. 첫째, 수급 자격을 위한 다양한 조건을 부과하지만 이로 인해서 인권 침해와 광범위한 사각지대가 만들어진다. 둘째, 부수적인 소득과 재산을 과도하게 소득으로 환산하여 생계급여를 삭감하거나 수급 자격을 박탈한다. 이는 수급자 가구 및 가구원의 자활 의지를 약화하여 돈 벌어서 빈곤에서 벗어나도록 하는 것이 아니라, 이는 계속 가난하게 만드는 빈곤의 덫으로 이어진다. 마지막으로 소득인정액 기준을 통과한다고 하더라도 부양 의무자 기준으로 수급자에서 탈락할 수 있다. 가족은 이미 해체되고 있다. 물리적인 가족은 존재하나 가족의 기능이 이미 약화되었다. 그런 상황에서 부양가족의 존재로 인한 사각지대를 만드는 것은 국가가 할 일이 아니다. 이미 이러한 점을 여러 차례 지적하였다. 공공부조 제도는 경제적으로 비효율적이고, 불완전한 안전망을 제공하며, 사회정책을 후퇴시킨다고 할 수 있다.

복지국가가 근로 촉진을 위한 재활에 초점을 맞추고 있지만 사실 보수가 이야기하는 노동 재활이란 것은 언제나 그렇듯이 노동을 노예가 하는 일로 치부하는 전제가 깔려 있다. 무조건 "일해야 복지도 받는다."라는 생각은 보편 복지하고는 전혀 가까워질 수 없다. 소수에게만 혜택을 제공하는 선별복지를 주장하지만, 그마저도 수혜자에게 근로를 강요하며 빈곤을 개인의 탓으로 돌린다.

신자유주의와 신보수주의가 지배하던 시대에 복지국가의 위기가 도래하여 복지국가가 해체되었다고 믿고 싶은 사람들이 있을 수 있다. 1980년대 미국과 영국에서 복지국가를 해체하고자 벌어진 많은 시도가 있었다. 선별적 복지가 대두되고, 국가개입이 사라지며, 근로를 강조하고, 시장 중심으로 정책이 만들어졌다. 전 국민 연대감보다는 개인별 복지를 더 중히 여기는 사회적 분위기도 형성되었다. 그렇다면 실제 복지국가를 측정하는 요소 중 하나인 복지비가 줄어들었는가? 실제로 복지비는 줄어들지 않았다. 많은 복지 종사자가 복지국가 확대 과정에서 일자리를 얻었다. 수급자는 증가하고 고령화되면서 급여 유지를 희망하거나 더 많은 수혜를 원하는 이들이 많아졌다. 국가의 연속성도 제도를 고착하는 데 기여하여 정치적으로 새로 집권한 보수 정당이 복지국가를 해체할 정도로 커다란 개혁을 추진하지 못하도록 만들었다. 투자와 고용 측면에서 새로운 정책으로 급격히 이동하면 국가 운영 시에 비용이 갑작스레 초래된다. 큰 틀에서는 변화가 없이 복지국가의 소수 혜택만 수정하는 방향으로 복지국가가 변화된다. 이런 상황에서 선별적 복지를 강조하는 논의는 사실상 여러 흐름 중의 하나이다. 그런데 그로 인해 불평등이 강화되어 경제에 오히려 부담을 지우고 있다. 공공부조와 다른 제도가 함께 가야만 한다. 기본소득은 그걸 위해서 공공부조의 차원을 강화하면서 다른 제도와 연계하여 복지 안전망을 튼튼하게 만들기 위해서 하나의 방법으로 인식될 수 있는 것이다.

기본소득과 공공부조, 무엇이 빈곤층에 유리할까? 기본소득 비판론에서는 기본소득 도입으로 수급자가 손해를 본다고 주장한다(양재진, 2020). 그러나 기존의 복지를 가시적으로 줄이는 복지정치가 현실에서 불가능하다는 것은 이미 Pierson (1996)의 복지축소 정치론에서 설명되었고 서구 유럽에서 검증되었다. 기본소득은 자연적이고 천부적 권리에 의한 것으로, 빈곤층에게 정의로운 제도이다. 급여의 자격과 관련해 공공정부는 자신을 증명해야만 하지만, 기본소득은 자연적이고 천부적 권리에 의한 것이다. 지난 저술에서 이야기하였다. 공공부조는 자산조사를 통해 가난함이 증명되어야만 수급권이 부여되는 반사적 권리(reflective right)의 성격을 가지고 있지만, 기본소득의 권리는 자연적이고 천부적 권리이기 때문에 빈곤층의 인권을 보장하는 제도이다. 기본소득에서 제시하는 권리는 '공유부에 대한 정기적 배당'의 권리이다. 급여자격과 관련해서 볼 때, 천부적 권리로서의 기본소득은 공공부조제도가 가진 사각지대 발생의 문제와 낙인 등 근본적인 문제가 발생하지 않는다. 기본소득은 덧셈의 복지정치를 통해 빈곤층의 소득보장 수준을 더 빠르게 개선한다고 주장할 수 있다. 그래서 갈등과 대립을 넘어서 통합의 길로 들어갈 수 있다. 현행 국민기초생활보장제도에 30만 원 기본소득이 도입된다고 가정하면, 소득보장 수준은 아래와 같이 상승한다.

표 6. 생계급여대상 월 30만 원 기본소득 지급 시 소득

구분	현행	현행+30만 원 기본소득
생계급여(1인)	52만 원	52+30=82만 원
생계급여(2인)	90만 원	90+30=120만 원
생계급여(3인)	116만 원	116+30=146만 원

월 30만 원씩 지급되는 기본소득 재원을 국민기초생활보장제도에 투자하는 것이 효율적이라는 주장이 있을 수 있지만, 실제 가난한 사람에게 집중하는 복지국가는 복지재원의 크기를 늘리기 어렵다는 '재분배의 역설론'을 고려할 필요가 있다(Korpi and Palme, 1998). 실제로 가난한 사람, 어려운 사람을 우선 지원해야 한다는 인식 수준이 매우 높은 한국에서도 국민기초생활보장제도가 도입된 1999년 이후 생계급여 수준은 오히려 하락하였다. 따라서 기본소득과 같은 보편적 급여가

덧셈의 복지정책을 실현할 수 있다는 점에서 빈곤층의 소득 보장 수준을 더 빠르게 개선할 가능성이 있다. 기존의 복지 제도를 그대로 유지한 채로 기본소득이 도입된다면 위와 같은 주장은 나름대로 설득력을 지니고 있지만, 이런 주장이 실현되기 위해서는 재정확보 방안에 대한 다양한 대안들이 고민될 필요는 있다. 또한 생계급여 산정 시 기본소득 급여액이 100% 소득으로 인정되지 않고 생계급여 수준에 따라 소득인정액을 달리할 경우, 어떤 원칙과 방법으로 기본소득의 소득인정 수준을 결정할지는 복잡한 논의 과정이 필요하다. 이렇게 조심스러운 주장에도 불구하고 기본소득 비판을 하는 이들은 기존 시스템을 해체할 것이라고 주장한다. 다시 한번 이야기하지만, 그것은 아니다. 걱정할 일이 아니고 정책을 입안하는 정치가는 국민을 통합할 의무가 있다. 그런 면에서 수혜자의 일부에게 돌아갈 예산을 빼서 부자에게 주는 일은 있을 수 없고 기본소득을 위해서 가난한 수혜자의 예산을 전용할 일도 없다. 단지 여러 차례의 복잡한 단계와 과정이 필요하기 때문에 논의가 심도 있게 진행되어야 할 것이다.

현재 복지국가 시스템에서 발생할 수 있는 문제를 보완할 수 있는 기본소득의 긍정적 효과는 다음과 같다.

○ 첫째, 빈곤층에게 가난을 증명하지 않아도 복지 수급의 권리가 보장됨으로써 사회적 배제나 낙인의 문제가 해소되어 빈곤층의 인권 증진에 기여할 것이다.

○ 둘째, 권리로서의 기본소득 보장은 빈곤층의 최저생활 보장에 대한 제도적 접근성을 높임으로써 빈곤 사각지대 문제를 빠르게 해결할 수 있다.

○ 셋째, 기본소득이 최소한의 문화적 생활을 보장할 수 있는 충분한 수준으로 지급되는 과도기적 단계에서는 기존의 생계급여와 기본소득이 공존한다. 이때 빈곤층의 소득보장 수준은 현재보다 한 단계 더 높아짐으로써 빈곤율 감소 효과를 기대할 수 있다.

○ 넷째, 주거, 의료, 교육 급여 등 비용 보전 급여의 경우 기본소득은 소득인정에서 제외됨으로써 현행의 수급 자격이 유지 또는 강화된다.

○ 다섯째, 수급자선정과정의 관료제적 행정업무가 양질의 서비스 제공 업무로 전환될 수 있다.

마지막으로 기본소득이 보편적 복지국가 시스템과 어떻게 연결될지에 대해서 초고령화 사회 진입에 대비하는 입장에서 이야기하고자 한다. 이미 여러 차례 이야기했듯이 기본소득은 사회 공정을 회복하고 경제를 활성화하는 대안이 될 것이다. 노인 사회보장체제와 기본소득은 동시에 추진되어야 한다. 현재 한국 사회에서는 소득 및 자산 불평등이 심화되고, 세습자본주의가 강화되고 있어 새로운 경제와 복지 패러다임의 전환이 필요하다. 노인을 단순히 수혜의 대상으로 치부하고 공공부조만으로 충분하다는 인식에서 벗어나야 한다. 노인복지 강화를 사회의 공정을 회복하고 경제를 활성화하는 대안의 한 방향으로 설정해서 다루어야 한다. 소득 단절, 질병 부담이 큰 노인에게 기본소득은 경제주체로서 삶을 살게 하여 사회 전체 비용을 줄이게 된다. 그래서 노인자살률도 낮추어야 한다. 노인 기본소득은 시혜나 특혜가 아닌 권리이고 이를 통해 경제에 긍정적인 효과를 가져올 수 있다. 특히, 우리나라는 절반 가까운 노인이 빈곤에 처해있는 만큼 기본소득의 역할이 매우 중요하다고 할 수 있다. 의료 체계에서 과다 진료 현상이 발생하여 의료비 지출 국가 비용을 억제하면서 노인의 노후보장을 할 수 있는 방안을 고민해야 한다. 예를 들어 기초연금을 노인 기본소득으로의 전환하여 현재 하위 70% 노인 수혜자에서 전체 노인 100%로 확대하는 것이다. 기초연금 도입으로 노인 소득 불평등 및 빈곤 수준 개선 효과가 있는 것으로 분석되었고 기초연금 도입 이후 우리나라 노인자살률은 꾸준히 감소하고 있다. 이런 효과를 바탕으로 기초연금을 노인 기본소득으로 전환하여 전체 노인 지급하며 동시에 국민연금과 분리 운영하는 것이 필요하다. 이렇게 된다면, 기본소득 → 복지 강화 → 불평등 축소 → 사회통합 → 국가경쟁력 향상 → 경제 활성화의 선순환적인 구조를 구축할 수 있을 것이다. 기본소득 논의는 늘 고민하고 연구해야 하는 분야이다. 무엇인가 콘트롤 타워에 의해서 방향이 설정되고 제시되어야 하는 것이 아니다. 시시각각 변화하는 경제 상황에 기초하고 제도적 틀 안에서 새로운 대안을 찾아보아야 한다. 그런 의미에서 지난 경기도 기본소득 기본조례 개정을 시도했었다.

경인종합일보

2021년 06월 25일 (금)
자치의정 04면

경기도의회 원용희 의원 '경기도 기본소득 기본조례' 개정 관련 2차 토론회 개최

경기도의회 건설교통위원회 원용희 의원(더민주, 고양5)은 지난 23일 경기도청 신관2층 소회의실에서 지난 9일에 이어 두 번째로 기본소득 기본조례 개정 토론회를 가졌다.

지난 회의에서 참석자 모두는 현행 '경기도 기본 소득 기본조례'의 정의 규정에 부족한 청년기본소득 및 재난기본소득 등 파생조례들을 기본소득의 범주에 들어갈 수 있도록 기본소득 기본조례를 개정해야 한다는 의견에 공감했다.

다만 조례에 반영하는 구체적인 자구에 대해서는 추가 논의가 필요하다고 합의하고, 지난번에 논의된 사항들을 참조 해 법학 전문가인 오동석 교수가 만든 세 개의 안을 중심으로 논의했다.

오 교수의 수정안 중 △1안은 제3조 제3항을 신설(제1항 및 제2항에도 불구하고 경기도 기본소득의 점진적 실현을 위하여 특정 범주의 도민에게 지급하거나 또는 특정 상황에서 지급할 수 있는 기본소득 관련 조례를 제정할 수 있다.) 하는 것이고 △2안은 제2조제1호를 개정('경기도민(이하 '도민'이라 한다)'을 '경기도민(이하 '도민'이라 한다) 전부 또는 일부'로 한다)하는 안이며 △3안은 '경기도 기본소득 기본조례'의 다수 조항을 개정함으로써 '기본조례'에 부합하게 다른 기본소득조례를 포괄하는 내용의 개정 방안이었다.

원용희 의원은 "청년기본소득이나 농민기본소득 같은 파생조례는 기본소득 정책의 완성도를 높여가는 과정에서 일어날 수밖에 없는 불가피한 불일치이기에 파생조례를 점진적 단계로 보는 1안이 가장 합리적이다"라며 만족감을 표했다.

다른 참석자들도 원용희 의원의 의견에 공감하고 세부적인 문구에 관한 의견조율 과정을 거쳐 모두가 합의한 조문으로 수정했으며, 참석자들간 합의된 조문을 바탕으로 지난 5월 발의한 '경기도 기본소득 기본조례 일부개정 조례안'을 수정하거나 오는 9월 임시회에 새 개정 조례안을 발의할 예정이다.

한편, 이날 회의에는 지난번에 이어 원용희 의원을 비롯해, 안효상 기본소득한국네트워크 이사, 오동석 아주대학교 법학전문대학원 교수, 경기도 기본소득 관계부서 담당 공무원들이 참석했다.

김정자 기자 / jonghapnews.com

TODAY

2021년 06월 25일 (금)
수도권 12면

■ 경기도의회 원용희 의원

경기도 기본소득 기본조례 개정 관련 2차 토론회 개최

경기도의회 건설교통위원회 원용희 의원(더불어민주당, 고양5)은 23일 경기도청 신관2층 소회의실에서 지난 9일에 이어 두 번째로 기본소득 기본조례 개정 토론회를 가졌다.

지난 회의에서 참석자 모두는 현행 '경기도 기본 소득 기본조례'의 정의 규정에 부족한 청년기본소득 및 재난기본소득 등 파생조례들을 기본소득의 범주에 들어갈 수 있도록 기본소득 기본조례를 개정해야 한다는 의견에 공감했다. 다만 조례에 반영하는 구체적인 자구에 대해서는 추가 논의가 필요하다고 합의하고, 지난번에 논의된 사항들을 참조 해 법학 전문가인 오동석 교수가 만든 세 개의 안을 중심으로 논의했다.

/허필숙 기자 hpsookjsh@dtoday.co.kr

뉴스10

2021년 06월 28일 (월)
자치의정

원용희 의원, '경기도 기본소득 기본조례' 개정 추진

김정수

경기도의회 원용희(민·고양5) 의원./사진=경기도의회

경기도의회 원용희(민·고양5) 의원이 '경기도 기본소득조례 개정을 추진한다.

청년기본소득과 농민기본소득, 재난기본소득 등 계속 제정되고 있는 파생조례들을 기본소득 기본조례 범주에 들어갈 수 있도록 하기 위해서다.

파생조례들은 '경기도 기본소득 기본조례'의 정의 규정에 부족하기 때문이다.

이에 원 의원은 지난 9일에 이어 25일 두번째 토론회를 갖고, 법학 전문가인 오동석 교수가 제시한 제안을 중심으로 논의했다.

오 교수는 ▲특정 범주의 도민에게 지급하거나 특정 상황에서 지급할 수 있는 기본 소득 조례를 제정할 수 있도록 기본조례 제3조에 3항 신설 ▲지원 대상을 '경기도민'에서 '경기도민 전부 또는 일부'로 제2조 1호 개정 ▲ 파생 기본소득 조례들을 감안한 기본소득 기본조례 전부 개정 등을 제시했다.

원 의원은 "파생조례는 기본소득 정책의 완성도를 높여가는 과정에서 불가피하게 기본조례와 불일치가 일어날 수밖에 없다"며 "이를 위해 파생조례를 기본소득의 발전 단계로 보아 기본조례 제3조에 3항을 신설하는 것이 합리적이라고 생각한다"고 말했다.

다른 참석자들도 세부적인 문구에 관한 의견조율 과정을 거쳐 조문을 수정한 쪽으로 의견을 모았다.

이에 원 의원은 세부적 조문 개정을 마무리하고, 이를 토대로 경기도 기본소득 기본조례 일부개정 조례안'을 마련해 오는 9월 임시회에 발의할 예정이다.

한편, 이날 회의에는 지난번에 이어 원 의원을 비롯, 안효상 기본소득한국네트워크 이사, 오동석 아주대학교 법학전문대학원 교수, 경기도 기본소득 관계부서 담당 공무원들이 참석했다.

수정안 조문 대비표

현 행	개 정 안	수 정 안
제2조(정의) 이 조례에서 사용하는 용어의 뜻은 다음과 같다.	**제2조(정의)(현행과 같음)**	**제2조(정의) (현행과 같음)**
1. “기본소득”이란 경기도민(이하 “도민”이라 한다)에게 무조건적이고 개별적이며 정기적으로 지급하는 현금 또는 지역 화폐를 말한다.	1. (현행과 같음)	1. (현행과 같음)
<단서 신설>	다만, 다음 각 목에 해당하는 경우에도 이 조례에서 규정하는 기본소득으로 본다.	<개정안 삭제>
<신 설>	가. 보편성이나 정기적 요건을 충족하지 못하였으나 모든 도민 또는 특정 연령대를 대상으로 하는 재난기본소득과 청년기본소득	<개정안 삭제>
<신 설>	나. 그 밖에 적정한 것으로 판단되어 경기도의회의 동의를 받은 경우	<개정안 삭제>
2. (생 략)	2. (현행과 같음)	2. (현행과 같음)
제3조(다른 조례와의 관계) ① (생략)	**제3조(다른 조례와의 관계)** ① (현행과 같음)	**제3조(다른 조례와의 관계)** ① (현행과 같음)
② (생략)	② (현행과 같음)	② 기본소득에 관한 다른 조례를 제정하거나 개정할 때에는 이 조례의 목적과 취지에 맞도록 하되, 기본소득의 점진적 실현과정에서 일정 범위의 도민에게 지급하거나 특정 상황에서 지급하는 기본소득에 관한 조례를 제정할 수 있다.

경기도 기본소득 기본조례 일부개정조례안
(수정안 포함)

경기도 기본소득 기본조례 일부를 다음과 같이 개정한다.

안 제3조 제2항을 다음과 같이 한다.

② 기본소득에 관한 다른 조례를 제정하거나 개정할 때에는 이 조례의 목적과 취지에 맞도록 하되, 기본소득의 점진적 실현과정에서 일정 범위의 도민에게 지급하거나 특정 상황에서 지급하는 기본소득에 관한 조례를 제정할 수 있다.

부 칙

이 조례는 공포한 날부터 시행한다.

제4장

주거 복지정책

1. 국가별 주택공급의 특징

1) 주거 복지의 일반적 특성

주거(주택) 공급은 다른 사회복지 분야보다 비용이 많이 들어 국가에서 공공부조의 형태로 제공하기 어려운 영역에 속한다. 이미 오래전에 유엔에서 양질의 주거 서비스가 사람들의 건강과 안녕에 필수적인 권리임을 선언했지만, 개별 국가의 사정에 따라서 주거공급의 사정이 원활하지 않아 실제 수혜자들은 상대적으로 적다고 할 수 있다. 유엔 산하 여러 국가의 주된 주거 서비스 정책이 목표하는 바는 적절한 주택을 시민들에게 공급하는 것과 가족 형태의 요구에 맞춰서 주택 형태와 크기도 고려하여 주택을 공급하는 현실 지향적인 주거 서비스 확충에 있다.

최근 한국에서도 고령과 취업에 기인한 1인 가구의 증가와 같은 가족 거주 형태의 변화에 따른 양질의 주거 서비스 공급 이슈가 주목받고 있다. 주거는 빈곤 문제에 영향을 미친다. 청년층 빈곤의 대물림에서도 주거는 청년들이 사회에서 삶을 시작할 때, 부담해야 하는 여러 사회 비용 중에서 가장 무거운 부분을 차지한다. 주거 관련해서 비용을 고려하다 보면 청년들이나 1인 가구들의 주거 질적 조건도 문제가 된다. 그러나 진행되고 있는 변화에도 불구하고 한국에서 가장 중요한 요소는 앞에서 이야기했듯이 사회 구조적으로 볼 때 주택을 소유와 상품의 개념으로 바라보는 인식에 있다.

이 인식이 우리 정부의 부동산정책의 방향에 결정적인 영향을 미쳤다. 우리나라의 경우에는 국가가 개입을 많이 시도함에도 시장 중심의 주택 임대 그리고 자가 소유 중심의 인식이 지배적이어서 정책도 자가 소유를 위주로 만들어졌다. 그러다 보니 공공임대의 수는 사실 적다. 필요한 사람에게 제공할 안정적이고 쾌적한 주거 제공이 필요하지만, 정부 정책에서는 늘 주변에 속하는 사업이 된다. 공공부조와 중위에 속하는 계층을 위한 사회서비스 형태로 나누어 주거공급을 논할 필요가 있다. 시장을 규제하면서, 안전망을 공급하면서 주요한 주택 공급자로서 국가의 업무가 많아질 수밖에 없다.

하지만 다른 나라에서는 대다수가 주택을 소유하고자 하지만 주거공급에 있어서는 주택 소유 이외에 임대를 통해 주거를 해결하는 경우가 많다. 민간 임대와 공공임대 방식이 있는데 주로 영국과 미국을 비롯한 영어권에서는 민간 임대 방식에 의존하면서 주거 수당을 보조금 형태로 저소득 가구에 제공하여 주거공급을 해결하는 반면에 다른 유럽 지역에서는 사회서비스의 일종으로 주거 혼합 혹은 다원주의적 제도로 개별적인 주택 소유가 전체에서 중요한 부분을 차지하고 있으나 그렇다고 주도적인 형태가 아니며, 따라서 집을 살 능력이 있는 사람들이라도 반드시 사야 한다는 압박을 덜 받게 된다. 대신에 공공임대와 민간임대가 모두 큰 역할을 하게 된다.

유럽의 각 지역에서 드러난 비슷한 주거공급은 사회주택을 활성화하여 공공성을 확보하고 주거를 공급하는 방식이 첫 번째며, 주거 공공부조 같은 보조금 지급을 통해 시장 질서에 순응하는 방식을 위주로 하는 두 번째의 방식을 활용하여 일정한 기준에 부합하는 시민들에게 주거를 공급하는 간접적인 방식에 의존한다. 반면, 우리는 국가가 직접 공급의 주체로 나서고 있으나 대체로 시장의 논리에 맡기는 경우가 많다. 공적 자본이 투입되어도 시장에 맡겨 시장에서 이익을 극대화하려는 시도가 많았다. 시장의 이익 추구가 공적 기구에 침투하여 공공성을 위태롭게 하는 방식의 주거공급이 이뤄졌다. 사회서비스와 공공부조의 성격을 띤 주거를 공급하여 공공성을 강화하는 것이 필요하다. 이번 대선에서 기본주택이 기존의 한국 사회에서 받아들여졌던 소유 개념의 주거가 공공성이 강화되어 중산층 이상에까지 사고파는 상품이 아닌 개인의 건강과 안녕에 필수적인 권리로서의 주거를 인식하기를 기대한다.

2) 유럽 국가 주거복지 사례

① 영국

공공임대주택(사회주택) 공급 및 임대료 보조가 주거복지 제도 차원에서 이루어지고 있다. 민간 중심의 공적 조직을 만들어 사회주택을 공급하는 다른 유럽 국가들과 달리 「주택법(Housing Act 1996)」에 등록된 사회임대인 중심으로 사회주택을 공급하고 있다. 등록 사회임대인에 해당하는 대표적인 민간 조직은 주택협회, 주택 트러스트, 주택협동조합 등이 있다. 이들은 우리식으로 말하면 지역 사회청(Homes and Communities Agency, HCA)의 승인을 받아 사회주택의 건설 및 운영을 목적으로 정부의 보조금을 지원받아 사업을 진행한다. 지방 주택수당(Local Housing Allowance): 중앙정부는 임대료 보조 규정과 예산을 결정하고, 지방정부가 관리하고 있다. 주택시장에서 하위 30% 임대료를 기준으로 지급한다. 주거급여(Housing Benefit)는 중앙부처인 고용 연금부(DWP: Department for Work and Pension)가 기획 총괄하고·예산을 담당한다. 지방정부는 실제 운영 및 예산을 지원한다. 예를 들어, “Help to buy: 제도는 생애 첫 주택을 구매할 때 보조금을 지급한다. 영국의 주거급여는 영국 사회보장 체계에서 가장 큰 단일 지원제도를 가지고 있다. 1982년 제도 시행 이후, 1988년 보충급여(Supplementary Benefit), 가족수당(Family Income Support), 주거급여(Housing Benefit)로 구성된 3개의 사회보장 시스템을 주거급여(Housing Benefit)로 통합하여 일원화하였다.

② **프랑스**

공공임대주택(HLM) 공급 및 임대료 보조가 주거복지 차원에서 이루어지고 있다. 임대료 보조는 공공부조 내 사회급여와 주택 정책적 차원의 주택수당이 이원화되어 운영되고 있다. 전달체계는 전국 가족수당 기금의 지방사무소인 가족수당기금(CAF)이 운영하며 CAF는 지방정부와는 무관한 민간 조직이다. 전달체계가 일원화된 이유는 사회복지 예산 재원이 정부 재정, 민간 기부, 근로자들의 주택세 등 다양한 경로에서 발생하기 때문이었다고 한다. 다른 한 축인 사회급여는 「사회보장법(Code de la sècurité sociale)」에 근거, 사회 가족부 전담하에 가족주거급여(ALF, Aide au Logement à Caractère Familiale)와 사회주거급여(ALS, Aide au Logement à Caractère Social)로 운용된다. 주택수당: 「건축주거법」에 근거하여 주택 도시부가 담당하고 있다. 예산 배분과 지원은 중앙정부 사회 가족부 산하에 있는 사회보장기구중앙기관(ACOSS)에서 관리하는 전국 가족수당 기금(CNAF)을 통해 이루어지고 있다.

③ 독일

독일에서 주거 보조는 주거보조금법(Wohngeldgesetz:WoGG)에 의거해서 이뤄진다. 모든 가구가 적정한 수준의 주택(가구 구성원의 수 대비 주택의 크기)에 거주할 수 있도록 보조하는 정책으로 연방 교통·건설·주택부 주관으로 관리한다. 주거보조금에 사용되는 재정은 연방·지방정부가 각각 50%씩 나누어 부담한다. 주거보조금의 유형에는 임차인에 대한 보조금을 지급하는 임대료 보조금(Mietzuschuss)이 있다. 부담보조금(Lastenzuschuss)이 있는데 주택 소유자를 대상으로 한 이자 및 채무상환, 주택 유지비용 보조하는 정책이다. 급여는 가구원 수 및 소득을 기본으로 하여 임차인의 경우 임대료 수준, 주택 소유자의 경우 이자 비용을 기준으로 산정되며 일정 정도의 상한 금액이 있다. 주거보조금 수준을 결정하는 임대료에 수도, 쓰레기 처리 비용, 계단 관리 등 포함하나 난방 및 온수 비용 포함하지 않는다. 주택 소유자의 부담보조금은 주택 구입과 관련된 비용이 가구에서 부담 가능한 수준을 초과하는 경우 지급하며 임대료 보조 기준은 지역별 특성에 따라 6단계로 구분 적용하고 있다.

④ **네덜란드**

주거 급여(housing allowance)제도를 시행하고 있다. 임대료 보조 제도인 주택 급여 1975년부터 시행한다. 주거급여에 대한 집행이 지자체에서 국세청으로 이관하는 2006년에 책임부서 변경이 있었다. 그래서 BZK(Policy, Budget)와 국세청이 담당한다. 국세청에서는 급여 신청, 접수, 지급을 담당하는데 동안 지자체 및 주택 조합이 해 왔던 역할을 국세청이 대신하여 일을 시작한 것이다. 지자체에서는 민간임대주택에 대한 임대료 데이터를 국세청에 보고하고 주택 조합은 공공임대주택에 대한 임대료 데이터 및 입주자 현황을 국세청에 보고한다. 국세청은 전체 소득 확인과 보조금에 대한 관리 가능, 부정수급 적발 시 다른 소득 및 보조금 연동해서 제한 및 제재 가능하다는 장점이 있으나, 주택수당 신청 시스템의 간편화로 인해 부정수급 가능성이 늘어난다는 단점도 동시에 있다.

⑤ **덴마크 노인복지**

덴마크 정부는 세수를 교육, 보건, 육아, 노인 요양을 무상으로 제공하는 복지에 주로 사용한다. 의료는 중앙정부에서, 노인 보호는 지방정부의 책임하에 제공하고 있다. 덴마크 노인복지주택 유형은 프라이에보리로 1997년 고령자·장애인 주택법이 공영주택법으로 통합되어 시행되고 있다. 공영주택법에서 프라이에보리를 서비스 지역이 포함된 고령자를 위한 주택이라 정의하고 있다. 서비스 지역은 공용으로 사용하는 재활실·직원실·부엌·거실 등이 속한다. 시니어 코하우징에서 이용된 공동 부엌과 거실을 그룹별로 이용하도록 만들었다. 프라이에보리는 24시간 직원을 통해 서비스와 보호를 제공한다. 개인실의 면적은 약 40㎡로 일반적인 주거와 구성은 같으며 휠체어의 접근이 쉽게 설계되었다. 프라이에보리 제공자는 서비스법의 규칙에 따라 개인 간병이나 음식 서비스와 같은 실질적인 도움을 제공하는 서비스를 제공하기 위해 National Board of Health의 인증을 받아야 한다. 주거 요양원 제공자는 지방 자치 단체가 주택을 할당할 권리(즉, 시립 주택공급의 일부가 됨)를 가질 것이라는 계약을 시의회와 체결할 수 있다. 시장에 맡기더라도 민간과 공공성을 결합하여 해당 사업을 수행하고 있다.

⑥ 벨기에

벨기에는 8개 도시에서 노숙자들을 지원하기 위해 '주택 우선'(HF) 모델을 도입하여 노숙자들이 가능한 한 빨리 영구 주택으로 이사하고 필요할 때마다 집중적인 사회적 지원을 받는다. 사회적 임대기관(SRAs, Social Rental Agencies)이 이 서비스를 담당하고 있으며 민간임대주택 시장을 사회화하려 노력하는 근로 복지 기관의 주도하에 성장했다. 이 기관은 제도 안에서 도움을 주기 어려웠던 임차인에 대한 주거 서비스를 위해 적극적으로 움직여 주택과 각종 지원 서비스를 연계를 목표로 하여 제도권 내 주거 취약계층의 보호 강화하고자 한다. 특히 주거 취약계층의 노숙 위험 최소화, 비공식 임대주택 부문으로의 유입을 방지하는 기능을 한다. SRA는 노숙자뿐만 아니라 정책의 사각지대에 놓인 주거 수요 계층을 대상으로 민간임대주택 중개라는 포괄적인 주거복지정책을 펼치고 있다고 인정받고 있으며 정부가 보지 못한 주거위험도가 높은 사람들을 찾아내어 원하는 것이나 현재 필요한 정책이 어떤 게 있는지 등을 파악하여 대안을 제시하는 지역사회 기반 보텀업(bottom-up) 주거복지 서비스 방식으로 운영되고 있다.

표 7. 사회적임대기관(SRAs)의 목표 및 역할

구분	내용
사회적 임대기관 (SRAs)의 목표	취약계층이 이용 가능한 주택 수를 확대 저가 저급 민간임대주택의 주거수준을 개선 부담 가능한 임대료 수준으로 공급 주택(housing)과 각종 지원(Support)을 연결
사회적 임대기관 (SRAs) 역할	민간임대주택의 조정 및 중재자 주택(Housing)과 근로 복지(welfare work)의 연결자 통합적 방식으로 지역의 각종 정책 네트워크를 연계하고 발전하는 역할

⑦ 스웨덴

스웨덴 정부는 모든 국민에게 직업과 기본적인 인간의 삶을 보장하는 보편성에 의거 복지 서비스를 제공하고 있다. 평등과 연대 의식을 강조, 전체 사회의 복지증진 추구한다. 사회보험제도에는 국민건강보험, 연금보험, 자녀수당, 주택보조금, 상해보험, 실업보험, 학업 수당, 교육보조비 등이 있으며 주택정책에는 무주택자 또는 부양가족에 따라 지급하고, 자가 마련의 기회를 부여하는 주거 보조가 있다. 스웨덴에서는 주택을 사회적 권리(social right)로 인식하고 있으며, EU지역에서 가장 포괄적이고 종합적인 자세를 견지하고 있음. 그러나 주택에 대한 권리는 법적 권리나 개인적 권리가 아닌 프로그램적 권리(programmatic right to housing)에 해당한다. 예로 서비스 하우스(Service House)가 있다. 「사회서비스법」(Social Services Act, 2001에 근거하여 제공되는 서비스 하우스는 독립생활이 어려운 장애인과 노인을 대상으로 서비스가 제공되는 소규모 아파트 단지로 지자체 직영 공공주택회사(Kopparstaden)가 설립·공급하고, 임대 및 관리를 하고 있다. 입주자의 건강한 독립생활을 이끄는 방식으로 운영되고, 최근에는 민간업체를 통한 고령자 전용 주택으로 간호 서비스까지 제공이 활성화되고 있다. 입주자는 시장가격 수준의 임대료를 부담해야 하지만, 저소득층의 노인은 지자체로부터 임대료의 85% 정도를 보조금으로 지원받는다.

표 8. 스웨덴 서비스 하우스(Service House)의 특징

국가	스웨덴
주거시설 명칭	· 서비스 하우스 (Service House)
설치 · 운영 근거 법률	· 사회서비스법
설립 주체	· 지자체 직영 공공주택회사
주요 대상	· 저소득층 노인 · 고령자 · 장애인
규모 및 설비	· 정원 규모: 20-100세대 · 배리어 프리 적용 · 식당, 세탁실, 데이케어센터 등 공용시설 설치
제공 서비스	· 간호 서비스 담당자 상주 · 식사 제공 등 가사 보조 서비스 · 방문 의료 및 간호 등 재가 서비스 · 커뮤니티 활동
시사점	· 방문 서비스 등 체계적인 재가 서비스 공급망 구축 · 입주자가 서비스 공급자(공공 또는 민간) 선택 권리 보장

⑧ 오스트리아의 주거복지

9개 연방 주별로 독자적 주택정책 수립하고 있다. 연방 정부 관련 사항(주택의 임대차, 소유권 등을 규정한 임대차법, 주택 소유법, 비영리 주택법 등) 이외에는 주별로 독자적인 정책 시행 중임(1988년부터 시작)이다. 비영리 주택법(Non-Profit Housing Act)하에 비용을 기반으로 임대료를 책정

해야 하고, 사회주택에서 발생한 수익은 재투자해야 하는 의무가 있다. 오스트리아 정부는 사회주택공급자를 위한 보조금을 지원하는 제도가 있다. 사회주택 지원정책은 수요 측면보다는 사회주택공급 비용을 줄여 임차인의 임대료 지불 능력을 지원하는 비용-임대료 체계를 시행 중이다. 피고용인이 세전 급여의 1%를 제공하는데 고용주와 피고용인 각각 부담(0.5%씩)하여 주택진흥기여금으로 납부하면, 중앙정부가 이를 모았다가 각 9개 연방 주에 분배한다. 건축 지원금으로 기여금을 활용하는데 이는 중산층 이하의 주택에만 해당한다. 오스트리아의 주택협회(LPHA)가 사회주택공급을 담당하는 중추적인 역할을 하고 있다. 임대주택은 건설 공급 주체에 따라 소득 10분위를 기준으로 할 때 2~10분위는 민간 임대, 1분위~6분위는 시 정부, 3분위~8분위의 저소득을 포함한 중산층은 주택협회(limited profit housing association)가 공급대상으로 하고 있다. 주택협회는 1979년 제정된 유한이익 주택법의 규정을 준수해야 한다. 제한된 임대료와 임차인-점유, 주택의 공급과 관리 등 외의 업무를 수행할 수 없다. 이 조직이 영리 추구 목적 업체와의 차이가 나는 부분이다. 주택협회는 사회적 주택공급 주체로서 법인세 소득공제, 주택보조금 등의 지원을 받고 있다.

2. 유럽의 주거공급과 한국의 특징 비교

유럽에서 복지 모형은 사회민주주의 모형, 조합주의 모형, 자유주의 모형 등으로 나뉘었다. 우리가 알다시피 스칸디나비안 국가들의 복지는 사회민주주의 모형으로 탈시장 지향의 복지정책이었다. 반면, 조합주의나 자유주의는 탈시장 정책이라기보다 시장에 적응하는 방식들이었다. 유럽에서도 주택(house)은 개인의 소유로 인식하는 것이 주류라고 한다. 그래서 정부의 정책도 시장에 직접 개입해서 주택을 소유하는 사람들의 소유 욕구를 충족시켜주기보다 일정한 수준에 부합하지 못한 이들에게 (국가의 예산이 사용된) 공공주택을 제공하거나 공공부조 형태로 시민들에게 제공하는 양상이 비슷했다.

복지국가가 정점기를 찍었던 1970년대와 1980년대를 거치면서 유럽 각국의 중앙정부는 효율성을 중시하는 정부로 변화를 모색했다. 심지어 영국과 미국처럼 자유주의 시장을 중시한 국가들에서 가장 눈에 띄게 정부 조직의 효율성을 중시하는 방향으로 정부 기구들이 개편되었다. 기구 개편은 당시 갑자기 확대되었던 복지를 담당하는 기구들이 우선 대상이었다. 한편 조합주의를 택했던 유럽 국가들에서도 효율성을 중시하는 기조가 분명해지고 방만하게 경영되었던 국가기구들이 수술의 대상이 되었다. 심지어 사회민주주의 국가들에서도 우파들이 국가 기구 개혁을 주장하면서 존재감을 드러내기 시작했다. 이 과정에서 국가는 효율적인 정책 수립과 집행을 위해서 시장 친화적인 정책을 펴게 된다. 대표적인 것이 국가가 전담했었던 많은 부분을 민간 영역에 이양하는 것이었다.

민영화 논의는 이때 시작되어 많은 부분에서 시장을 담당했던 민간 영역의 주체들이 국가의 공적 영역에서 존재감을 드러내기 시작했다. 사회복지 생산과 사회복지 소비의 개념을 구체화하여 급여와 재원의 측면에서 공공부문과 민간부문을 개념화하여 진행하였다. 재원이나 생산 두 영역 모두에서 민간이나 공공이 담당하는 구조에서 공공이 전담하는 비중을 줄이고 민간이 담당하도록 하는 비중이 늘어났다. 시간이 지나 점차 민영화의 논의를 무조건 거부하지 않고 민간 영역의 공공적 특성을 살리기 시작하는 노력이 있었다. 즉, 민간의 공적 역할을 의미하는 것으로, 현재에는 생산과 재원의 두 차원에서 접근하는데 사회복지 생산에는 공공, 영리 민간, 비영리 민간, 비공식으로 나뉘고 재원은 공공, 집합적 민간, 개별적 민간 그리고 재원이 불필요한 경우로 나뉘었다. 생산과 소비 각 부문 조직들의 전통적 특성이 약화되고 경계가 모호해지면서 좀 더 복잡하게 진행되었다. 이는 사회 변동이 일어나고 그에 따라 사회 조직들의 특성과 기능이 변화하였다.

유럽의 경우 시민, 전문가 집단, 기관, 정부 기구 등이 거버넌스에 따라서 움직일 때, 정부 정책이 잘 집행되었다. 특히 지방분권은 정책 집행과 수립에서 장점이 많았다. 정부의 정책이 전 지역에 제대로 집행이 되려면 중앙정부와 지방정부 사이의 분업이 잘 이뤄져야 한다. 분업은 중앙정부와 지방정부 사이 업무의 중복이 없이 이뤄져야 하며, 중앙정부의 권한이 지역 특화된 제도 도입을 위해 지역에 대폭 이양되어야 한다. 그러나 자원의 효율적 배분을 요구하는 현장의 필요에 덧붙여 동시에 통합적 관리의 필요에 따라 업무의 특정 분야는 중앙으로 다시 회수하여 통합 관리하는 방법도 유지해야 한다. 그래서 중앙정부와 지방정부의 조화로운 업무 분업이 필요한 것이다.

프랑스 파리시의 안 이달고 시장 취임 이후 파리 도시재생과 주거공급에서 일어난 변화의 예를 들어 보자. 파리시에서는 특정한 지역 재생에 시민참여 공모전을 활용하였다. 이 경우에 전문가와 시민으로 이뤄진 공모전 출연진들이 계획, 예산, 집행 그리고 사후관리까지 모두 턴 키 방식으로 담당하고 지방정부는 필요한 예산지원만 담당하였다. 지역 전문가와 시민참여를 통해 꾸준하게 해당 지역에서 지속 가능한 재생을 할 수 있는 실험이 가능했던 것은 지방자치가 있었기 때문이었다. 지역 발전을 위한 계획에서 실행까지 각 단계에 시민참여에서도 중앙정부의 간섭이 사라지고 지방정부 역시 비슷한 업무를 하는 부서를 둘 필요 없어 정부 기구 사이 불필요한 업무 중복을 피하여 예산의 절감도 이뤄내었다. 이런 변화에 성공한 지역 사례들에서는 지역을 이끄는 정치적 리더들의 역할이 중요했다. 많은 갈등을 내포한 지역 개발이었기 때문에 그것을 이겨내고 중앙정부와 지방정부 내에서의 변화에 대한 저항 그리고 시민들 사이의 중재와 전문가 참여 사이에서의 갈등을 이겨내야만 했다.

국가의 개입 정도와 비영리 민간 조직을 활용하는 대리인 체제에 의존적인 유럽 부동산 및 주거 정책을 찾아볼 수 있었다. 중앙정부의 비효율적 구조에 대해 시민들의 중앙정부에 대한 낮은 신뢰도는 공급 차원에서는 부동산정책에서 대폭적인 비영리 민간 조직 활용과 지방정부 중심으로 이동하게 하였고, 공공부조 관련해서는 지방정부에, 소유나 임대 관련 부분에서는 세제 중심의 시장개입을 특징으로 한다. 주거 공급에서는 중앙정부와 지방정부에서 주택협회를 대리인으로 내세워 주거를 공급하였다. 대리인이란 단순히 시장에서 정부의 역할을 하는 것이 아니라 민간인으로 시장에서 공적인 역할을 하는 개인이나 조직을 뜻한다. 우리나라에서의 사회주택 공급에서 활용되고 있는 민간 조직과 비슷할 것이다. 민간 조직을 공적 목적에 활용하는 방식에 익숙해지면, 지역 재생 및 개발에서 지역 중심의 전문가 집단과 시민들의 참여가 일상화될 수 있게 되었다. 도시재생을 통한 지역 개발에 지역 전문가들과 시민들의 참여로 개발의 이익이 공동체에 귀속되어 저렴하고 쾌적하게 거주자 중심의 도시가 만들어지게 되었다. 이것이 유럽과 한국의 지역 개발에서 가장 크게 차이가 나는 것이고 이 부분에서 우리는 지역 분권과 시민 그리고 비영리 민간 조직의 역량이 주거 정책에도 필수적임을 알 수 있게 되었다.

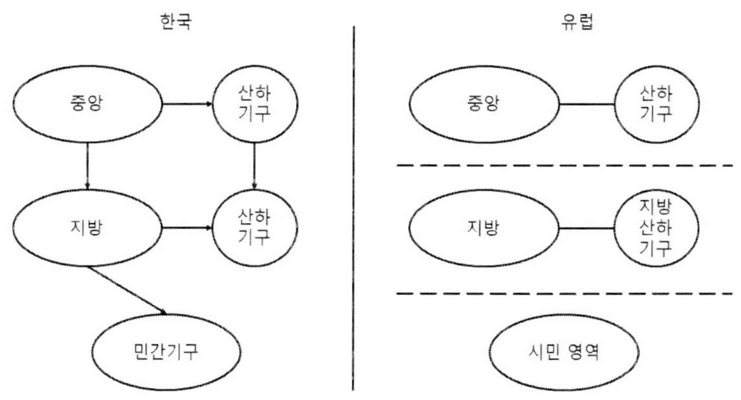

그림 9. 한국과 유럽의 수평적 지역 정책 수행체계 비교

그림 9에서 보면 경로 의존 변수로 지방분권과 정책 수립과 실행에서 행위 주체들이 등장한다. 중앙과 지방의 관계, 그리고 중앙과 지방의 정부가 기구들과 어떤 관계를 맺는지 등이 정책 수립·수행을 위한 정부 역량을 키우는 데 지대한 영향을 미친다. 중앙집권화된 국가의 부동산정책에서 EU는 EU, 지방정부 사이 관계에서 중앙정부의 한계가 있어 지방으

로 대폭 이양하거나 통합 관리하기 위해서 중앙정부 사무로 처리하고 있었다. 중앙과 지방으로 분산되어 있으나 두 유형 모두 배타적으로 중앙과 지방의 정부의 업무가 분리되어 있어 상호 간섭보다는 상호 협조 체계를 구축하고 있었다. 배타적 구조는 업무의 중첩을 막고 상호 협력하면서 정책을 실행하는 장점이 있다.

그런데 한국에서는 정책을 세우고 실행하는 데 위계적 수직구조가 구조화되어 있다. 중앙정부가 지방정부에 수직적으로 우월한 지위를 유지하여 지방정부를 지휘·감독하는 관계를 형성하고 있음, 특히 예산 문제는 지방정부가 자율성을 갖고 정책을 수립하고 진행하고 관리하는 데에 이르기 어렵게 구성되어 있다. 중앙정부의 여러 부처가 한 지방정부를 대상으로 예속적 관계를 형성하여 지방정부 부서들의 업무가 지방사무에 겹쳐 과중한 상태이다. 예를 들면, 한 지방정부의 부동산정책과 관련된 정책을 입안할 때 거쳐야 할 중앙부처의 승인은 국토교통부, 행정안전부, 기획재정부, 법제처 등에 걸쳐 있다. 이외에 국회와 감사원 등 중앙 감사기구에도 종속되어 있다.

산하기관에 대한 통제도 비슷하게 구조화되어 있다. 중앙부처는 부처별로 연구 산하기관을 두어 정책에 필요한 전문성 제고를 위해 활용해야 하지만, 각 연구 산하기관은 중앙부처의 계획에 정당성을 제공하는 역할에만 머물러 전문가 집단을 활용하지 못하고 정부 부처의 정책 집행 당위성 자료 수집 기관으로 전락한 상태이다. 자신들이 활용할 내부 전문가도 제대로 활용하지 못하고 예산만 낭비하고 있는데 외부 전문가 활용은 꿈도 꾸지 못하는 실정이다. 이는 지방정부에서도 마찬가지 현상이 발생하고 있다. 예산을 주는 부처의 권력이 하늘을 찌른다. 이에 대해 나는 정책을 다양한 각도로 평가하고 계획할 때 전문가들을 정책 집행기관에 예속시켜 거수기로 활용하는 구조를 수술해야 한다고 생각한다.

사회적 요인으로는 인구이동에 따른 난민, 종교가 다른 집단의 등장 등이 있고 정치적, 종교적, 경제적 갈등이 일어날 여지를 높였다. 이에 따라서 주택문제의 해결에는 단순히 토지와 주거 관련 영역에서 벗어나 사회적인 안목을 기를 필요가 있다. 유럽의 경우에는 한국과 약간 다른 점이 있었다. 바로 세계화와 정치적 변동의 결과 등장한 외국인 그리고 난민 등장이다. 노동을 목적으로 한 이동과 전혀 다른 종교와 정치적 갈등으로 발생하여 주로 아프리카나 중동에서 이동하여 주거 문제를 일으켰다. EU의 통합 과정에서 발생한 인구의 자유로운 이동이 발생하여 주로 동유럽에서 서유럽으로의 이주로 인구 구조가 변화. 대도시의 주거 문제가 대두되었다. 한국에서도 세계화의 흐름에 따라 자본과 인적 자원의 자유로운 이동을 초래하여 자본과 노동력이 집중되어 도시에서 급격한 부동산 시장의 변화가 초래될 수 있다. 한국에서 외국인이나 외국 자본이 부동산 시장에서 주요 변수로 등장할 것으로 예상한다.

3. 주택정책과 사회적 비용

1) 토지 공급 개발 방식의 문제점

주택공급의 주체가 누구인가에 따라서 토지를 개발하여 주택을 공급하는 세 가지 방식이 있다. 한국에서 흔한 방식은 민영 개발이다. 민영 개발은 토지가 속한 지역 지자체의 허가를 받아 주택 사업 용도로 건물을 건립하는 개발을 의미한다. 지역 주택 조합을 만들어 개발하는 방식도 비슷한 차원에서 진행된다. 조합개발 방식과 순수 민영 개발과의 차이는 시공사 선정의 주체가 주민인가 아니면 개발회사인가에서 비롯된다. 민영 개발은 토지 개발과 주택 건설에서 민간이 주축을 이루는 사업을 뜻한다. 대체로 우리나라의 경우에는 민간이 시장 논리에 따라 개발하고 이익을 독점하지만, 지역 조합은 자신들이 살 집을 함께 만들어가는 과정이 포함된다는 것을 알 수 있다. 그런데 지역 조합 주택도 조합원이 들어가고 남은 주택을 민간 분양하기 때문에, 조합 개발도 어떻게 보면 민간 주택공급에 속한다.

민영 개발은 일종의 고위험(High Risk)에 속한다. 특히 건물을 짓고 분양이 되지 않는다면, 건설 업체와 시공사는 재정적으로 큰 위험에 빠질 수 있다. 주택 건설은 일정한 규모의 비용이 들기 때문이다. 개발사가 자체적으로 진행하는 만큼 제약이 적어 빠른 기간 안에 건물을 짓고 민간에 분양할 수 있다는 점에서 유리하지만, 부동산 시장 상황에 따라서 분양의 결과가 달라진다. 그러나 민영 개발은 정부나 공공의 위치에서 보면 이익이 거의 없는 사업이다. 도로와 같은 공공시설이나 학교를 기부채납을 받는 것 이외에 민영 개발로 지자체와 공공이 얻을 수 있는 수익은 거의 없다고 볼 수 있다. 민영 개발 업체는 이익이 확실한 지역의 사업에만 뛰어든다. 수익이 시장의 계산에 따라서 움직여지기 때문에 주거공급의 안전망 구축은 어렵다.

두 번째 방식이 소위 '로리스크 하이리턴(Low Risk High Return)', 즉, 위험은 낮은데 보상이 클 수 있는 민관 합동 혹은 공동개발이다. 대장동 개발이 이 경우에 속한다. 대장동의 경우에도 애초에 공공개발을 시도했다. 대장동의 경우 비용이 막대하게 들기 때문에 초기 투자금을 마련할 수 있는 기회가 제공되었다면 문제가 없었겠지만 그렇지 못했기 때문에 민관 합동 개발을 선택할 수밖에 없었다. 성남시가 자체적으로 개발을 시도했으나 중앙정부와 의회가 법적으로 제한을 가함으로 인해 일개 지자체에 불과했던 성남시가 거대한 규모의 지역 개발에 자본금을 마련할 수 있는 기회를 차단당했던 것이었다. 당시 대장동 일대 29만 평 정도의 땅을 성남시가 개발하려면 토지 매입비로 1조 원 이상 들어간다는 평가가 있었다. 성남시는 제도적인 제약으로 인해서 어쩔 수 없이 민관 공동개발을 할 수밖에 없었다.

자본금 조달이라는 지점에서 민관 합동 개발 혹은 민관 공동개발이 지닌 장점이 드러난다. 지자체는 초기 막대한 투자금을 마련할 필요가 없어 재정 운용에서 여유롭게 개발을 시도할 수 있다는 장점이 있다. 투자금을 마련한다고 해도 막대한 이자 비용을 부담하기 때문에 경제적으로 여유가 없는 지자체가 활용하기 쉽다. 토지 보상가 역시 공공 방식의 수용으로 가능하다. 이 수용 방식은 현재 지자체나 정부에 유리하게 설정되어 있다. 그래서 민간 개발업자들보다 토지 소유주 처지에서는 토지 보상가가 낮게 책정되어 낮은 가격에 땅을 내놓을 수밖에 없다. 어쨌든 지자체는 막대한 이익이 시장으로 흘러가는 것을 막고 개발 과정에서 지자체에 수익을 내줄 수 있어 민관 합동 개발은 재정 자립도와 연계되어 성공 가능성만 있다면 구미가 당기는 개발 방식이다.

세 번째가 공공개발이다. 사실 공공개발은 1980년에 제정된 택지개발촉진법 그리고 2000년대에 마련된 공공 주택법, 도시개발법 등에 기초하여 정부, 지자체, 공공기관이 주로 택지를 조성하고 말 그대로 '땅 도매상'이 되어 땅은 원주민으로

부터 강제로 매입해 확보하고 저렴하게 토지를 조성한 다음 민간업자에게 팔아 막대한 이익을 얻는 것이었다. 대규모의 토지를 조성하고 민간기업은 그곳에 아파트를 건설해 이익을 얻는 구조로 지금까지 진행되었다.

그런데 공공개발에는 함정이 도사리고 있다. 공공기관과 지자체가 쉽사리 진행하지 못하는 이유는 공공개발 과정에서 토지를 도매하지 않고 직접 건물을 짓는다면 초기 비용이 모두 빚으로 처리되기 때문에 지자체와 공공기관의 부채가 높아진다는 것이다. 공공개발은 임대주택을 짓고 공공 임대주택 사업을 할 수 있다. 그런데 문제는 토지 보상, 토지 정비 그리고 건축 과정에서 발생하는 비용이 모두 부채로 처리된다는 것이다. 여기에 더하여 임대주택 임차인들이 내는 보증금도 부채로 처리된다. 변창흠 전 국토교통부 장관이 서울주택도시공사 사장이던 2016년에 "통상 1호의 임대주택이 건설되면 공사의 부채가 1억 3,000만 원 정도 증가한다."라고 밝힐 정도였다. 공공기관과 지자체가 사업을 하지 못하도록 강제한 것은 당시 중앙정부가 통제하던 공기관 부채 통제였다. 중앙정부 통제를 받는 LH와 달리 지방정부 산하기관은 부채에 따른 이자도 비싸다. 신용도에 위험을 가할 수가 있어서 함부로 부채를 끌어다 쓸 수 없다. 공공개발 자체가 거대한 시장의 논리에 의해 휩싸여 있다.

한국에서 나타난 시장 중심의 공공개발 경로 의존성은 국가 중심의 공공개발에 시장 논리가 침투하여 국가기구에서 정책을 담당하는 관료와 시민들의 인식에서 그대로 작동하여 나타났다. 그것이 다시 정치권과 국민의 지지를 받으면서 적극적으로 시장 중심의 공공개발 모델을 선택하고 유지했던 경험이 계속 재생산되어 지금까지 이어져 내려왔기에 시장 중심 경로 의존성이 지속되었다.

따라서 공급 주도의 일방적 공공개발에서 벗어나 새로운 방식의 공공개발을 염두에 두고 공공개발에 시장 논리에 따라 움직이는 민간기업과 그 영향력 아래 있는 전문가들을 대신하여 공익을 목적으로 하는 민간 즉 비영리 민간 조직과 시민 전문가 집단이 개발 과정에 참여할 수 있는 가능성을 제도적으로 열어 두어야 한다. 여기에 더하여 정치적 리더십이 작동하기 위해서 지자체에 막대한 권한을 주고 중앙은 관리하고 지원하는 방식으로 개발 과정이 흘러가야 한다. 물론 공공개발의 막대한 이익이 비영리 민간 조직이나 시민 전문가들에 의해서 소수의 개인이나 집단에 흘러 들어가지 않는 장치를 마련하는 것도 시급하다. 제도의 미비로 인해서, 현재는 개발 방식으로는 소수에게 공적 자원 투입의 이익이 흘러가도록 설계되어 있기도 하다. 국가에도, 국민에게도 이익이 아닌 구조적 설계가 있을 수 있으며 오랜 기간 많은 이들이 국가기구를 활용하여 사적 이익을 확보할 수 있었다.

시장 논리에서 벗어나 공적인 목표를 위해 움직이는 민간 조직과 정부 조직의 거버넌스를 시도하고 공공개발을 시도 민간 조직과 공공 조직이 더불어 공적 부조로서의 주택공급과 사회서비스로서의 주택공급을 이원화한다면 시장 중심의 주거공급 경로에서 벗어나 시민에게 주거 권리를 안정적으로 제공할 수 있을 것이다.

2) 현재 추진 중인 개발사업과 드러난 문제

부동산가격이 폭등하고 주거 문제가 심각해지자 원활한 주택공급을 통해 해당 문제를 해결하려는 시도들이 많았다. 정부와 서울시는 각각 공공 정비와 신속통합기획 정책을 추진하였는데 서울 내 지역별로 서로 다른 선택을 하게 되었다. 재건축을 앞둔 서울 주요 대단지는 서울시의 신속통합기획 방식을, 노후도가 심한 재개발 지역은 정부의 공공 정비를 선택했다. 권역별로도 강남권과 강북권으로 나뉘며, 주민 요구에 따라 각 정비사업의 흥행이 엇갈리는 것으로 풀이되는데 여기에는 투자 대비 수익 구조를 계산하고 고려한 소유자들의 선택이 있었기 때문이다.

① 정부의 공공 정비

공공 재개발은 한국토지주택공사(LH)・서울주택도시공사(SH) 등 공공이 정비사업에 참여하며, 낙후지역의 주거환경을 개선하고 도심 내 주택공급을 촉진하는 사업으로 용적률 상향,

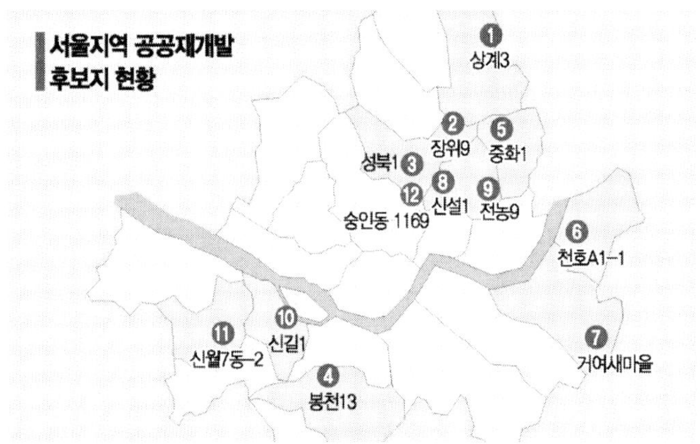

그림 10. 서울지역 공공재개발 후보지 현황

인허가 간소화, 분양가 상한제 적용 제외 등 각종 인센티브를 지원하는 것이 주요 내용이다. 국토부와 서울시는 지난해 1차 공모를 통해 지난 1월과 3월 서울 후보지 24곳(2만 5,000가구)을 선정했다. 이후 경기도에서도 7월과 10월에 후보지 5곳(9,000가구)을 선정해 현재 총 29곳(3만 4,000가구)에서 공공재개발 사업을 추진 중이다.

한편 정부가 제안한 공공 재건축, 공공 직접 시행 재건축은 종 상향, 재건축 초과이익환수제 면제 등 확실한 인센티브를 제공함에도 주요 대단지의 호응을 얻지 못했다. 용적률 상향과 무관하게 임대 비율을 의무화하거나 주택을 정부에 맡기고 재건축 이후 다시 돌려받는 현물방식 등이 독소조항으로 다가왔기 때문이다. 이게 독소조항이 된 것은 소유주들이 기대하는 기대 소득을 정부가 회수한다는 이유에서다.

이미 한국에서 부동산정책이 왜곡되는 이유 중의 하나로 시장에서의 부동산 수익 기대치라는 것을 밝혔다. 이에 대부분 주요 재건축 단지는 민간 재건축을 추진하기로 했고, 민간 재건축 대비 심의 기간 단축 등 이후 발표된 서울시의 신속통합기획에 대한 장점이 주목받으면서 신청이 몰린 것으로 전문가들은 보고 있다고 한다. 김학렬 스마트튜브 부동산조사연구소장은 “사업성이 높은 강남권 단지일수록 공공 정비 방식을 택할 유인이 적다.”라며 “이들 단지는 속도가 중요한데 자율성도 확보하고 심의 기간도 단축되는 신속통합기획으로 쏠린 것”이라고 설명한다. 이렇게 부동산 전문가들이 설명하는 방식은 시장 지향적 개발에 관한 논리에 지나지 않았으며, 사업성을 강조하여 개발 방향을 바꾸려는 시도로 보인다. 사업성과 개인의 수익 기대치를 극대화하는 것은 부동산개발 삼각 동맹 중에 민간전문가 집단에 의해 왜곡되는 현상으로 개발에는 늘 있었다.

이익 환수 관련 조항으로 좌초한 공공 방식의 정비사업은 재건축보단 재개발 지역에서 시민들의 호응을 얻고 있다. 20년도에 이뤄진 1차 후보지 공모에서는 70여 곳이 신청하며 흥행했고, 21년 초 2차 후보지 공모에서도 60여 곳가량이 접수됐다고 한다. 선정된 지역은 서울 외곽 또는 강북권에 밀집돼 있으며, 상대적으로 노후화된 주택이 많아 개발이 시급한 지역 중심에 속한다. 이에 공공 재개발은 주민동의율 10%

만 충족하면 신청할 수 있으며, 용적률을 법정 한도의 120%까지 올려 사업성을 높일 수 있고, 분양가상한제가 면제되는 등 확실한 인센티브가 참여를 이끌었던 것으로 보인다. 주택도시기금의 저리 융자 지원, 원주민들의 재정착을 돕는 대출금 지원 등 공공성이 강화된 점도 이들 지역의 주민들이 공공 재개발을 선택한 이유라는 분석이 지배적이다. 정부 사업은 언제나 시장성보다는 공공성을 잊지 말아야 한다. 그것을 담보하는 제도적 장치를 마련하는 데 경주해야 한다.

정부는 22년 4월 중 서울 도심 공공 재개발 사업 2차 후보지가 선정할 것으로 발표했다. 이번 공공 재개발 사업 후보지 공모대상은 1차 공모와 동일하게 서울 기존 정비구역(재개발구역, 주거환경개선사업), 정비구역 지정을 준비 중인 신규·해제구역이 될 것이다. 서울시가 지난 5월 발표한 재개발 규제 완화 방안에 따라 주거정비지수제가 폐지되고 2종, 7층 관련 규제가 완화되면서 관련 규정으로 그동안 재개발을 추진하기 어려웠던 구역도 참여할 수 있을 것으로 보인다. 1차 공모의 경우 10%였으나, 이번 2차 공모 신청에 필요한 주민동의율은 서울시 도시·주거환경정비기본계획 변경을 반영해 30%로 상향 조정할 계획으로 알려져 있다. 국토부와 서울시는 상향된 주민동의율과 연말연시·설 연휴 등을 고려해 공모 기간을 1차 공모 기간(45일)보다 다소 연장하고 공모에 접수된 구역을 신속히 검토해 4월 중 후보지를 선정할 계획이다. 업계 관계자는 “재개발, 재건축도 지역마다 주민들이 원하는 방식이 다 다른데, 지금처럼 다양한 선택지를 만들어 놓을 필요가 있다.”라며 “성과를 만들기 위해 후보지만 늘리는 게 아니라 실제 주택공급으로까지 이어질 수 있도록 세심히 살피는 것도 중요한 부분”이라고 말하고 있다.

정부가 추진하는 공공개발은 역시 시장 중심의 아파트 공급계획을 전제로 하고 있다. 많은 시행착오가 있어도 전제가 변화하지 않기 때문에 공공성을 높이는 제도를 도입하면 주택 및 토지 소유주들이 거부하는 경로를 따라 움직이게 되어 있다. 이러한 공공개발 비판을 대신해서 서울시가 오세훈 시장 당선 이후 내세운 것이 신속통합기획 방식이다.

② 서울시의 신속통합기획 방식

공공 재개발·재건축을 추진하다 최근 민간 정비사업으로 방향을 전환한 사례가 속속 등장하고 있는데 여의도, 용산, 강남 등에서 주로 제기되었다. 지난 4월 서울시장 재·보궐 선거 이후 오세훈 시장 주도로 서울시가 민간 정비사업 활성화에 박차를 가하고 나선 가운데 최근 국민의 힘 대선 후보로 확정된 윤석열 후보가 재건축·재개발 완화 공약을 들고 나오면서 기존에 공공개발을 시도했던 사업 지역의 이 같은 움직임에 영향을 준 것으로 보인다. 지난해 정비업계에 따르면 하왕십리와 대흥5구역은 지난달 29일 마감된 서울시의 신속통합기획 민간 재개발 후보지 공모에 신청했다. 두 곳은 지난 3월 정부의 주택공급 방안인 공공 재개발 2차 후보지 선정에서 보류된 바 있다. 공공 재개발에 대한 주민 여론이 부정적이어서 국토교통부가 이를 이유로 보류한 것이었다. 결국, 서울시가 공공 재개발 후보지도 신속통합기획에 참여할 수 있도록 길을 터주면서 민간으로 방향을 선회했다고 알려져 있다.

그림 11. 신속통합기획 주요 재건축 단지 현황

오세훈 표 재건축으로 불리는 신속통합기획은 기간 단축과 인센티브 제공이 핵심이며, 신속통합기획을 통해 재건축을 추진할 단지는 앞으로 더 늘어날 것으로 보인다. 정비업계에 따르면 서울 재건축의 지표로 꼽히는 주요 대단지 아파트들은 정부의 공공 정비 방식 대신 서울시의 신속통합기획 방식을 택하고 있다. 이익이 많기 때문이다. 준공 50년이 넘은 여의도의 대표 재건축 단지인 시범아파트, 강남구 대치동의 재건축 대장주로 꼽히는 '우선미(우성·선경·미도)' 중 한 곳인 미도아파트, 잠실 한강 변 입지의 송파구 장미아파트 모두 신속통합기획에 합류했다. 강남권에서도 알짜 부촌으로 꼽히는 서울 강남구 압구정지구 재건축사업이 '신속통합기획'으로 방향을 잡고 속도를 내고 있다.

강남구 압구정 재건축 단지 중 규모가 가장 큰 3구역(현대 1~7차, 10·13·15차, 대림빌라트)은 21년 12월 7일 신청서를 냈으며, 이 외에 강남구 은마아파트, 압구정 2구역(신현대 9·11·12차)도 주민 의견을 모으고 있다. 서울시와 강남구청 정비업계에 따르면 한양 1·2차(1,232가구)로 구성된 압구정5구역은 대의원회의를 열고 신속통합기획 참여를 의결할 계획으로 알려져 있다. 압구정5구역 조합 관계자는 "최근 이사회를 열어 관련 절차를 거쳤다"라면서 "대의원회 의결이 이뤄지는 대로 강남구청에 신청서를 제출할 예정"이라고 말한다.

압구정2구역(신현대 9·11·12차, 1,924가구)도 이사회를 열어 신속통합기획 참여를 대의원회에 상정하기로 했다. 압구정지구 내 6개 구역에서 가장 규모가 크고 중앙에 위치하는 압구정3구역은 가장 먼저 강남구청에 신속통합기획을 신청했으며, 서울시 관계자는 "강남구청을 통해 압구정3구역의 신청서를 받았다."라고, "향후 절차대로 진행할 예정"이다.

압구정3구역은 현대 1~7차, 10·13·14차, 대림빌라트 등 총 4065세대 규모이다. 단지 규모와 지역의 특성에 따라 차이가 있겠지만 신속통합기획안이 만들어지기까지는 통상 6개월 내외의 기간이 걸리고, 정비계획이 만들어지면 도시계획위원회의 특별분과, 건축·교통·환경 통합심의를 거쳐 사업계획이 확정되었다. 지역 내 부동산업계는 생각보다 압구정동 재건축이 빠르게 진행되고 있다고 평가하나 각종 규제 등으로 재건축 추진에 따른 부동산 거래 활성화는 제한적일 것으로 예상하기도 한다.

하왕십리에서는 "2010년대 중·후반께 들어선 신축·준신축 아파트들 덕분에 일대 환경이 다소 개선됐지만, 곳곳에 낙후된 건물, 시설이 즐비하다."라며 "센트라스나 텐즈힐같이 인근 민간 재개발이 다 성공하는 것을 지켜봤는데, 공공 재개발로 갈 필요가 있느냐"는 주민의 의견이 많다고 전해진다.

몇 부동산컨설팅 소장은 "신속통합기획은 민간 재개발이라 공공 재개발보다 가치가 높아 주민들이 필사적"이라고 설명했는데 이런 설명 자체가 철저하게 소유주 개인 수익 관점에서 비롯되었음을 짐작할 수 있다. 민간 개발 전문가들은 공공 재개발뿐만 아니라 공공 재건축도 민간으로 돌아선 사례가 나올 것이라고 예상하며 공공 재개발에 대해 부정적 분위기를 확대·재생산하고 있다.

신반포19차 재건축조합과 신반포25차 재건축추진위원회는 통합 재건축 합의서를 작성했고, 12월 중 통합 재건축조합 임원과 대의원을 새로 뽑은 뒤 22년 1월 통합조합 설립총회를 열 예정이다. 신반포19차 관계자는 "현재 동의서를 받는 단계로 주민들은 매우 우호적"이라며 "특별건축구역을 신청해 설계의 유연성을 확보하려고 하는 중이다. 이렇게 하면 건축 규제가 완화돼 랜드마크급 건축이 가능하다."라고 주장한다. 특별건축구역이란 도시 경관 등에 필요할 경우 사업별 특성에 맞게 조경, 건폐율과 용적률, 대지 내 공지, 건축물 높이 제한, 주택건설기술 규정 등 건축 기준을 완화해 특례 적용할 수 있도록 한 제도를 말하는데 대표적 예가, 서초구 아크로리버파크, 원베일리로 이 강남권 아파트가 해당 제도를 적용받아 재건축됐었다. 민간 시장 중심의 정비사업이 급물살을 타고 있는 건 정치 지형 변화와 무관하지 않다.

③ 신도시

(1) 인천 검단 주택건설사업

인천도시공사(사장 이승우)가 현대건설 컨소시엄과 추진 중인 검단 주택건설사업(AA16BL)을 제로 에너지 주거단지로 조성할 예정이라고 밝혔다. 공동주택인 검단 주택건설사업(AA16BL)은 의무화 대상이 아님에도 단계별 에너지 절감 계획을 통해 건축물 에너지효율등급 1++등급, 에너지자립률

20% 이상을 달성, 제로 에너지건축물(ZEB) 5등급을 확보하도록 계획했고 예비인증 신청까지 마쳤다고 한다. 이를 위해 단열(법적 기준 대비 19.7% 강화) 및 기밀성능을 강화하고 겨울철 난방 부하를 최소화하는 패시브(Passive) 기술과 세대 열회수 장치, 단지 내 에너지 통합관리 시스템(BEMS)을 적용해 에너지 사용량을 절감시키는 액티브(Active) 기술이 도입될 예정이다. 건물 옥상 부에는 태양광발전(PV)을 설치해 전기에너지 사용량 일부를 자급자족할 수 있도록 하고 에너지 소비비용 절감 및 친환경적인 효과가 있는 신재생에너지 설비도 적용할 계획이라고 한다. 이승우 사장은 "검단 주택건설사업은 검단신도시 분양주택 최초 제로 에너지건축물로 계획돼 정부 정책에 적극적으로 동참할 수 있을 뿐만 아니라 에너지 절감으로 입주민들에게 실질적인 혜택이 돌아갈 것"이라고 말했다.

(2) 충남 아산시, 민간에서 주도하는 미니 복합 신도시 건설

해당 사업은 ㈜경부산업개발에서 아산시 법곡지구 개발 및 분양을 전담하는 것으로, 총면적 약 21만 평, 4천여 세대의 공동주택을 포함하고 있다. 법곡동 개발사업은 도시개발사업 시행자에 관한 사항에서부터 개발사업의 시행방식, 토지 이용계획 및 환경 보전계획 등 도시개발법에 준수하여 기본 계획이 수립되었다. 특히 아파트단지 내 초등학교와 중학교가

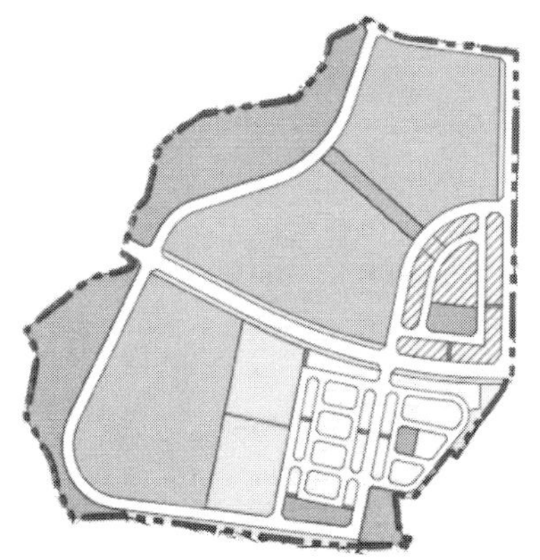

그림 12. 민간 주도 충남 아산 복합신도시

개교하여 소위 말하는 '초품아' 입지를 갖췄으며 단지 내 지하층에 골프장, 수영장, 피트니스 센터 등의 시설이 들어설 것이다. 주민이 선호하는 중형 아파트로 계획 중이어서 다양한 연령의 수요자 만족도를 높일 것으로 기대되고 있다. 아산시에는 현재 삼성전자와 현대자동차 등의 대기업이 입주해 있으며 천안시, 당진시, 평택시 등의 중심도시가 편리한 교통망으로 연결되어 있어 분양에 유리하게 작용할 것으로 기대받고 있다. 사업대상지인 법곡지구는 1호선 온양온천역까지 도보 왕래가 가능해 서울, 경기 전역으로 빠르게 이동할 수 있다.

이와 더불어 단지 인근에 1,300여 년의 역사를 가진 온양온천과 현충사, 만리포 해수욕장, 천리포 수목원 등 명승지도 가까워 친환경 주거공간이 될 것으로 보인다. 전문가들은 "당사업지는 자연을 보호하고 공원, 녹지를 풍부하게 확보함으로써 쾌적한 생활 공간을 제공하고, 천안-아산을 유기적으로 잇는 지역 네트워크의 중심지가 될 것으로 전망된다. 이로써 지역경제 활성화, 풍부한 배후수요 확보 등에 도움이 될 것으로 기대된다."라고 밝히기도 하였다. 실무 관계자는 "법곡지구는 온양 도심에 위치하여 사회간접자본(SOC)이 잘 갖춰져 있다. 현재 법곡지구는 배방, 탕정지구보다 저평가된 상황이라 토지 가격이 비교적 저렴해 매입 절차가 빠르게 진행되고 있다. 지주총회도 활발히 진행되고 있으며 금융기관, 일반투자자 유치도 원활한 상황이다."라며, "현재 본사에서는 많은 투자자의 니즈(needs)를 분석하고 개발사업 타당성을 알리고자 노력하고 있다. 21년 말까지 구역 지정 신청을 완료하는 것을 목표로 하고 있으며 책임준공까지 안정적으로 업무를 추진하겠다."라고 설명하였다.

(3) 경북도청 신도시 2단계 아파트

경북도청 신도시 2단계 공동주택용지 내 1천60가구 아파트 건설사로 ㈜제일건설이 최종 선정되었다. 경북개발공사에 따르면 신도시 내 안동지역 S-1BL 1필지(5만7천314㎡)에 대한 특별설계 공급 공모를 진행한 결과 2개 업체가 참가해 지난 6일 열린 평가위원회에서 제일건설이 최종 당선되었다. 역사문화 도시인 지역 정서를 잘 반영했다는 점에서 높은 평가를 받은 것으로 전해졌다. 주요 설계 콘셉트는 상업지구를 둘러 싼 4개의 어귀 마당을 연결해 하나의 보행자 중심의 통로를 만들고, 단지 내 아이들이 공부하고 놀 수 있는 공간을 마련했다는 점이 특징 중 하나이다. 공급되는 아파트는 전용면적 74~140㎡ 규모로 4가지 타입 이상으로 구성될 것이다. 앞서 지난달에는 공동주택용지 S-2, S-3BL 등 2필지(11만5천669㎡)에 2천178가구 규모로 대우·중흥건설 컨소시엄이 최종 선정되기도 하는 등 신도시 내 개발사업에 속도가 붙고 있다. 이재혁 경북개발공사 사장은 "이번 공동주택 특별설계 공모로 젊은 경북도청 신도시와 아이 키우기 좋은 도시건립에 한발 다가간 것으로 생각된다."라며 "공사는 앞으로도 지역 공기업으로서 최선을 다하고 사회적 가치실현에 앞장서겠다."라고 밝혔다.

(4) 기반산업과 철도의 재산 증가 영향

부동산가격 폭등은 신도시 건설과 재건축 및 재개발에도 막대한 영향을 미쳤다. 신도시 건설과 재건축은 다시 부동산 가격을 끌어올린다. 부동산가격이 폭등하면 정부는 대규모로 주택을 공급할 신도시를 찾는다. 이 뉴스는 부동산을 꿈틀거리게 만든다. 신도시 인구가 늘어나면 인구 밀집과 교통 혼잡이 심해진다. 이로 인해 교통 혼잡에서 벗어나지 못하는 차량용 도로의 건설보다 철도 건설 뉴스가 반갑게 들린다.

따라서 광역 급행 철도나 급행 지하철이 존재한다는 것은 직장과 주거의 거리를 축소해야만 하는 직장인들에게는 중요한 문제이다, 이에 따라서 지하철, 철도, GTX 노선의 존재는 부동산가격을 역시 끌어올리기도 한다. 새로운 철도의 건설은 새로운 교통수단 등장의 의미를 넘어 해당 지역에서 주택 수요를 증가시키는 요인으로 받아들여지게 되어 부동산가격 상승에도 영향을 미친다. 이로 인해 발생하는 부동산가격의 폭등은 개인들이 부담해야 할 세금의 양에도 영향을 미친다.

표 9. 부동산가격과 재산세 증가율

구분	2010년 재산세	2012년 재산세	2015년 재산세	2017년 재산세	2019년 재산세	증가율
성남시 전체	187,886,685	361,324,142	323,910,517	420,858,467	507,859,547	11.7
성남시 분당구	125,398,223	259,865,275	211,781,154	294,534,466	349,753,089	12.1
용인시 전체	220,857,152	345,255,229	365,037,123	392,596,884	439,055,722	7.9
용인시 수지구	58,227,200	95,561,571	98,055,895	107,507,305	119,903,982	8.4
수원시 전체	152,495,578	273,536,231	297,868,002	311,966,448	366,164,539	10.2
수원시 영통구	52,293,423	100,359,195	104,862,842	115,551,268	141,408,319	11.7
경기도 전체	2,168,073,461	3,467,772,396	3,792,799,441	4,294,240,994	4,890,914,644	9.5

표 9는 부동산가격과 재산세 증가율의 관계를 보여준다. 아파트 가격이 낮을 때인 2010년 초반에는 경기도 전체의 재산세는 2019년에 비교하면 반 정도에 머물고 있다. 무엇보다 신분당선 연장선이 지나는 분당구, 수지구, 영통구의 재산세

증가율이 일반 분당구 평균이나 성남시 평균보다 조금 높은 것을 알 수 있다. 물론 둘 사이의 관계에 관한 연구를 더 진행해야 할 것이지만 GTX선을 둘러싼 논쟁이 부동산가격 폭등 시기에 주택가격 상승과 그로 인한 재산세의 증가와 연관이 있음을 알 수 있다. 이미 여러 차례 신문 기사를 통해서 알려져 있다.

실제 철도 역세권은 대중교통 중심의 공간 구조를 형성하여 교육, 보건, 복지, 관광, 문화, 상업, 체육 등 시설을 유치하고 시민들에게 많은 서비스를 제공할 수 있다. 기존에 많은 철도 관련 건설과 유지가 개인 주택 가격상승과 이로 인한 이익 독점을 일으켰다. 역과 직선거리로 얼마나 떨어져 있는가가 주택가격이나 부동산가격에 영향을 미친다는 사실은 널리 알려져 있기 때문이다. 따라서 철도 관련 부동산가격 상승분을 공공 시설 확충과 서비스에 활용할 수 있는 제도적 장치를 마련할 필요가 있다.

부동산가격에 영향을 미치는 교통시설 특히 철도 시스템의 존재는 건설에 큰 비용을 초래한다. 지역에서 공공성의 의미를 잘 못 이해하면 자신이 투자한 비용 대비 막대한 이익을 얻는 것을 당연하게 여기는데 근거를 제시하고 사회구조에 막대한 영향을 미친다. 부정부패가 돈을 어디선가 부정하게 가져오는 것만이 아니다. 투기 또한 사회가 정당하게 성장하지 못하도록 강요한다. 노동 소득보다 금융 소득이 지배하는 사회에서 막대한 이익을 제공하는 산업만 성장한다. 그러다가 거품이 터지기 시작하면 모두가 몰락한다. 소수가 이익을 독점하는 구조가 나를 포함하는 다수에게 불이익을 준다. 그런 의미에서 철도 산업이 수도권에 거미줄처럼 얽히고설키는 것을 옳게 볼 수 없다. 지역 사이 지역 갈등을 조장하는 이유도 수도권 인구가 철도로 인해서 쉽게 출퇴근할 수 있는 자신이 지역에까지 들어오도록 하려는 시도에서 철도로 이익을 얻는 지역과 그렇지 못한 지역에 사는 각각의 주민들 사이 갈등으로 비화되기 때문이다. 철도는 공공 기반시설에 해당하고 그것을 건설하기 위해서는 막대한 공공 비용이 든다. 이런 철도의 건설로 인해 발생하는 이익을 어느 특정한 집단의 누가 독점하는 것은 옳지 않다. 지역 갈등을 조장하는 철도라면 지역 갈등을 조장하지 않도록 만들 필요가 정치가들에게 있다.

3) 금융 제도의 변화(주거공급을 위한 금융 제도)

① 공유형 모기지

공유형 모기지는 향후 집값 변동에 따른 수익 또는 손익을 대출 재원인 주택도시기금과 나누는 대출상품이다. 공유형 모기지는 집값이 많이 오를 경우에도 기금이 가져가는 몫은 제한이 되는 수익형(연 5%)과 집값이 내려가면 손실까지 기금과 나눌 수 있는 손익형 등 두 가지로 구성되어 있다. 적용 금리도 낮아 최근처럼 주택가격에 대한 상승 기대가 적을 때 적당한 상품이 될 수 있다. 출시 이듬해까지 인기를 끈 이 상품은 집값 상승과 함께 실적이 급격히 줄어들었다. 국토부 관계자는 "시중 금리가 사상 최저수준으로 낮아져 일반 주택담보대출 상품과 비교할 때 금리 이점이 줄어들고, 작년부터는 서울 등지 집값 상승에 대한 기대심리도 커져 굳이 수익을 기금과 나눌 이유가 없다고 본 수요자들이 많아졌기 때문"이라고 설명할 수 있다. 기간별로 확정된 금리이기 때문에 금리 인상 가능성이 대두되는 상황에서 금리 변동에 대한 리스크를 피할 수 있다는 게 장점이다. 투기지역·투기과열지구·조정대상지역 등 규제지역에서 강화된 담보인정비율(LTV)·총부채상환비율(DTI) 규제를 적용받지 않는다는 점도 매력이 될 수 있다. 공유형 모기지는 수도권(서울·경기·인천) 및 5대 광역시(부산·대구·광주·대전·울산), 인구 50만 이상 도시(김해·전주·창원·천안·청주·포항) 및 세종시에서는 규제지역 지정 여부와 상관 없이 최대한도 2억 원 내에서 LTV 70%, 연 소득 4.5배까지 대출을 받을 수 있다. 대출 대상은 연 소득 6,000만 원(생애 최초 경우 연 7,000만 원) 이하인 5년 이상 무주택 세대이다.

(1) 수익 공유형 모기지

2013년 10월 3,000가구 한도로 모집한 첫 시범사업은 54분만에 '완판'을 기록하였다. 침체된 주택시장과 전세난 상황에 딱 맞는 시의적절한 상품이라는 평가가 대세였다. 수익 공유형과 손익 공유형 두 종류의 기금 공유형 모기지 중 사람들이 많이 찾는 건 수익 공유형이다. 연 1.5%의 저리로 20년까지 대출을 받아 거주기간 주거비용을 아낄 수 있는 게 이 상품의 핵심 장점으로 꼽힌다.

가. 모기지 구조와 금리

주택기금이 연 1.5% 금리로 대출을 해주고 대신 집값이 올랐을 때 수익을 기금과 공유하는 형태의 대출상품이다. 기금 입장에서는 주택 구매자가 집을 살 때 일종의 지분투자를 하는 셈이고, 구매자는 그 나머지를 구매하는 형태이다. 은행 수익 공유형 모기지는 가입 후 7년까지만 저금리(코픽스- α%, 변동금리)가 적용되지만, 기금 수익공유형은 만기 20년까지 변함없이 1.5% 금리가 적용된다.

나. 집값 상승분을 나누는 방법

대출 기간 중 집값이 오르면 집값 상승분에서 대출액이 차지하는 지분(대출 평잔)만큼 기금 몫으로 떼줘야 한다. 손실은 모두 주택 구매자 몫이다. 기금 '손익' 공유형 모기지와 차

표 10. 주택기금 수익공유형 시뮬레이션

	처분가격 3억	처분가격 4억
주택 매입가격(0년)	2억 원	2억 원
주택 처분가격(20년)	3억 원	4억 원
처분이익(A)	1억 원	2억 원
대출 평잔 (매입가 대비 대출 평잔 비율)	대출액 1.4억 원, 20년 원리금 균등분할상환 대출 평잔 7,000만 원 (35%)	대출액 1.4억 원, 20년 원리금 균등분할상환 대출 평잔 7,000만 원 (35%)
처분이익 중 기금 귀속분(B)	3,500만 원 (= 100,000,000*35.0%)	7,000만 원 (= 200,000,000*35.0%)
기금이익 상한(C)	4,900만 원 (= 대출 평잔*연3.5%[1])	4,900만 원 (= 대출 평잔 * 연3.5%[1])
처분이익 환수액=min(B,C)	3,500만 원	4,900만 원
주택 구매자 이익	6,500만 원	1억 5,100만 원

[1] 기금이익 상환을 연 5%로 제한할 경우, 금리 1.5%를 이미 기금이 수취했으므로 시세차익 중 기금에 귀속되는 부분은 3.5% 주택 매입가격 2억 원, 원리금 균등분할상황, 20년 만기까지 보유, 금이 1.5%, 대출금액 1.4억(집값의 70%), 연간 원리금 상환액(8,472,800원) 기준 자료: 국토교통부

이가 나는 부분으로 기금의 수익은 연 5%로 제한된다. 주택기금이 운영하는 상품으로 5년 이상 무주택자만 받을 수 있는 자격이 된다. 생애 최초 주택 구입자는 부부합산 연 소득 7,000만 원 이하, 5년 이상 무주택자는 부부합산 6,000만 원 이하여야 이 상품에 가입할 수 있다. 사회초년생, 신혼부부 등에 불리하게 작용했던 무주택 세대주 기간, 세대원 수, 회사 재직기간을 없앴고 신용등급, 부채비율 등을 보지 않는다.

감정(담보)평가 6억 원 및 전용면적 85㎡ 이하 아파트로 수도권과 세종시, 지방 광역시, 인구 50만 이상인 6개 도시(창원·청주·전주·천안·김해·포항) 소재 주택을 살 때 이 대출을 받을 수 있다. 저리 대출에 따른 기금 손실을 막기 위해 대출 심사 시 매입 적격성 측면에서 단지 규모, 경과 년수 등 시장성을 따진다. 규모는 최대 2억 원 한도 내에서 집값의 70%까지 받을 수 있다. 다만 구입자 연 소득의 4.5배를 넘어서는 안 된다. 연 소득이 4,444만 원이 돼야 최대한도인 2억 원까지 대출을 받을 수 있다.

중도상환한다면? 저리 대출이 이뤄지는 상품으로 3년 내 상환 시 조기상환 수수료가 부과된다. 3년까지는 1.8%, 3년 초과 시에는 중도 상환 수수료가 없다. 예를 들어, -1억 4,000만 원을 대출했다면 추가 부담분은 3년 차에는 756만 원이 발생한다.

상환 타이밍은? 만기까지 저리 대출을 받을 수 있지만, 대출 초기 집값이 오를 것이란 확신이 선다면 조기 상환하는 것도 긍정적인 선택일 수 있다. 3년 이내 조기 상환할 경우에는 연 1.8%의 가산금리만 부담하고 처분이익 수익을 기금과 나누지 않아도 된다. 연 3.3% 금리의 생애 최초 주택 구입 자금 대출을 받아 집을 산 것과 마찬가지로 처분이익을 모두 주택 소유자가 챙길 수 있다. 국토부는 2017년부터 대출 실행 후 3년 내 대출금의 50%까지 백만 원 단위로 부분

중도 상환이 허용된다.

'은행' 수익공유형과 비교하면, 최초 금리 조건은 은행에서 판매할 수익 공유형 모기지(연 1.1% 예상)에 비해 떨어지는 편에 속한다. 하지만 '은행'수익공유형 대출은 금리 변동에 따른 리스크가 있고, 만기(20년 혹은 30년) 중 초기 7년만 저금리로 지원을 한다. 이에 반해 기금 수익 공유형 모기지는 20년 만기 내내 연 1.5%의 낮은 금리를 고정금리로 제공한다. 7년 이상 장기적으로 거주할 집을 안정적인 저리 자금으로 마련할 5년 이상 무주택자라면 이 상품이 은행이 내놓는 수익 공유형 모기지보다 적합하다고 볼 수 있다.

어떤 사람에게 맞나? 수익 공유형 모기지는 금리가 낮아 대출 기간 중에 집값이 연 2% 이상 떨어지지만 않는다면 전・월세보다 주거비용이 적게 드는 것으로 나타났다. 집을 사자니 집값이 내려갈까 걱정되고, 안 사자니 전・월세 비용이 자꾸 늘어나고 혹시라도 집값이 껑충 뛰어 집 살 기회조차 놓치는 것 아닌가 고민하고 있다면 이 상품으로 집을 사는 것을 고려할 만하다.

(2) 기금 손익 공유형

국민주택기금의 '손익' 공유형 모기지는 집을 살 때 국민주택기금과 공동으로 지분 투자하는 방식의 대출상품이다. 수익 공유형은 집값이 올랐을 때 수익만 기금과 나눌 뿐 집값이 떨어지면, 손실은 그대로 주택 구입자 몫이지만 손익 공유형은 지분 비율 만큼 수익과 손실 모두를 기금과 나눌 수 있다. 특히 최장 3년 거치 기간 이후에는 이자에 원금까지 함께 갚아야 하는(원리금 균등 분할 상환 방식) 수익공유형과 달리 손익 공유형은 20년 만기 뒤, 일시 상환이 가능하기 때문에 대출 기간 중에는 저리의 이자만 내면 된다. 대출 기간 중 상환 부담이 가장 적기 때문에 가계 생활비 부담을 덜 수 있는 게 최대 장점이다.

가. 모기지 구조와 금리

손익 공유형 모기지(Equity Loan)는 기금이 최대 40%까지 지분(Equity)을 갖는 방식으로 기금이 지분 성격의 자금을 대출해 주고, 그 지분에 대해 임대료 명목의 이자를 받아 가는 것이다. 20년 만기 중 5년까지는 연 1%, 나머지 기간은 연 2%의 금리가 적용된다. 2억 원짜리 아파트를 살 때 8,000만 원을 손익 공유형 모기지로 받는다면 5년 차까지는 연 80만 원, 이후는 연 160만 원만 부담하면 된다.

나. 지분투자가 아니라 대출인 이유

실제로 주택기금이 구입자와 주택 지분을 공동으로 소유하면 이에 따른 세금(취득세, 재산세, 양도세 등)과 부동산 중개료 등의 부담 주체에 혼선이 생길 수 있다. 그래서 기금과 구입자 간 대출 계약 방식을 택해 법률적으로 소유권은 구입자가 100%를 갖고 세금, 중개료 등 비용도 내도록 했다. 대신 구입자는 기금 지분에 대해 시중보다 낮은 이자를 내는 구조로 설계되어 있다. 이 제도는 영국에서 2006년부터 시행

표 11. 주택기금 손익 공유형 모기지 시뮬레이션

	2억 원 매입 후 처분가격 1.5억	2억 원 매입 후 처분가격 3억
주택 매입가격	200,000,000	200,000,000
주택 처분가격	150,000,000	300,000,000
처분이익(A)	-50,000,000	100,000,000
매입가 대비 대출 비율 (기금 지분율)	40%	40%
처분이익 중 기금 귀속분(B)	-20,000,000 (= -50,000,000 * 40%)	40,000,000 (= 100,000,000 * 40%)
기금 손실 · 수익(B)	-20,000,000	40,000,000
주택구매자 손실 · 이익(A-B)	-30,000,000	60,000,000
7년간 이자 비용	손익 공유형 (-)7,200,000 손익 공유형 연계 (-)8,920,000 =(-)16,120,000	손익 공유형 (-)7,200,000 손익 공유형 연계 (-)8,920,000 =(-)16,120,000
취득세 이사비 등 초기 비용 및 보유자금 기회비용	(-)1,740만 원	(-)1,740만 원
7년 주거비용	6,352만 원	-2,648만 원(이익)

* 주택 매입가격 2억 원, 만기 일시 상환, 7년 보유, 금리 최초 5년 1%, 이후 2% 고정, 손익 공유형 대출금액 8,000만(집값 40%), 손익 공유형 연계 모기지론 대출금 4,000만 (3.2%),
자기자본 8,000만, 은행예금 2.56% 기준, 자료: 국토교통부

한 '오픈마켓 홈 바이(Open Market Home Buy)'라는 자가 주택 구입 촉진 정책을 본뜬 것이다.

얼마나 받을 수 있나? 손익 공유형은 최대 2억 원 한도 내에서 집값의 40%까지만 대출이 가능하다. 주택 구입자의 자금이 모자랄 수 있기 때문에, LTV 70%까지는 시중은행의 연계 모기지를 활용할 수 있다. 집값이 2억 원일 경우 손익공유형 모기지로 8,000만 원(40%)을 빌리고 나머지 6,000만 원(30%)은 연계 모기지로 집을 살 수 있는 것이다. 다만 전체 대출의 합이 구입자 연 소득의 4.5배를 넘어서는 안 된다.

이익과 손실 어떻게 나누나? 20년 만기를 채웠을 때나 중도 매각 시 지분율에 따라 주택 구매자와 기금이 이익과 손실을 각각 나눈다. 2억 원짜리 집을 손익 공유형 모기지 8,000만 원을 받아 산 경우(자기 자금 1억 2,000만 원) 집값이 1억 5,000만 원으로 떨어졌다면 손실 5,000만 원에 대해 구매자는 3,000만 원, 기금은 2,000만 원씩 손실을 나누게 된다. 집값이 올라 3억 원에 판다면 처분이익 1억 원 역시 구매자 6,000만 원, 기금 4,000만 원씩 나누게 된다. 수익만 나누는 수익 공유형 상품의 경우 기금과 은행의 이익 상한이 연 최고 5%, 7%로 각각 정해져 있지만, 손익 공유형은 손실도 함께 나누는 구조여서 기금이익 상한을 정하지 않고 있다.

누가 받을 수 있나? 수익 공유형 기금은 대출처럼 5년 이상 무주택자만 받을 수 있다. 생애 최초 주택 구입자는 부부

합산 연 소득 7,000만 원 이하, 5년 이상 무주택자는 부부합산 6,000만 원 이하여야 한다는 소득 제한조건도 있다. 사회초년생, 신혼부부 등에 불리하게 적용되었던 무주택 세대주 기간, 세대원 수, 회사 재직기간을 없앴고 신용등급, 부채비율 등도 보지 않는다.

어떤 집이 대상인가? 주택기금이 손실을 볼 수도 있는 상품인 만큼 심사 시에 시장성을 꼼꼼하게 따진다. 노후주택의 경우 기금 리스크가 커질 수 있다는 점 때문에 대출 심사 기준에 노후도가 반영된다. 수년 내 리모델링이나 재건축 등으로 멸실 가능성이 있는 아파트는 이 대출을 받기 어려울 수도 있다. 나머지 조건은 수익 공유형과 동일하다.

중도상환한다면? 3년 내 상환 시에는 조기상환 수수료가 부과된다. 3년까지는 2.3%, 3년 초과 시 중도 상환 수수료는 없다. 8,000만 원을 대출했다면 추가 부담분은 3년 차에 552만 원이 발생한다. 3년 이내 조기 상환할 경우, 처분이익 수익을 기금과 나누지 않아도 된다. 2017년부터 대출 실행 후 3년 내 대출금의 50%까지 백만 원 단위로 부분 중도 상환이 가능하다.

기금 '수익'공유형과 비교하면, 원리금 상환 부담 면에서 손익형이 유리하다. 수익 공유형 모기지나 디딤돌 대출 등은 원리금 균등 분할 상환 방식이지만 손익형은 만기 일시 상환 방식이다. 대출 기간 내내 연 1~2%의 이자만 부담하면 되고,

집값이 연평균 1% 선 넘게 떨어질 경우에도, 수익형에 비해 손익형이 유리하다. 수익형은 구입자가 손실을 100% 부담하지만, 손익형은 기금과 손실을 공유하는 상품이기 때문이다.

어떤 사람에게 알맞나? 전세금(집값의 60~70%) 정도의 돈을 가진 사람이 낮은 주거비용으로 살 집을 확보하면서, 추후 집값 상승에 대한 기대감이 있다면 이 상품을 택하는 것이 적합하다. 거주 기간 동안은 저리의 이자 비용만 부담하면 되고 집값이 오르면 지분 만큼에 대해서는 수익도 확보할 수 있기 때문이다.

4. 주거안정 정책의 문제점과 대응방안

1) 왜 주거 안정은 요원한가?

현재 한국의 주택 보급에는 자가 시장, 민간 임차 시장, 공공임대 시장 등으로 구성되어 있다. 그런데 지속적인 공급에도 불구하고 주거 안정은 요원해 보인다. 이미 주택 보급률은 2015년부터 2019년까지 102.3%, 102%, 103.3%, 104.2%, 104.8%에 이르고 있다. 개인(가구) 주택 수도 꾸준하게 안정을 유지하고 있으며 주택 소유 가구의 수도 개인 주택 수보다 적지만 안정을 유지하고 있다. 자가 시장의 경우에는 총주택 수는 2015년 16,367,006호에서 18,126,954호로 매년 계속 증가했다. 개인(가구) 주택 수와 주택 소유 가구의 수도 꾸준하게 증가하고 있다.

그럼에도 주택시장이 안정을 이루지 못하는 것에는 자가 소유 장려 정책에 한계에서 비롯되었다고 생각한다. 금융지원제도에서도 살펴보았고 신도시나 재건축 및 재개발에서도 늘 자가 소유는 장려되었고 공공임대주택과 같은 사회서비스로서의 주거공급 비중이 작았다. 여러 가지 요인이 있을 수 있지만 몇 가지 언급하자면, 먼저 공공주도 임대주택공급이 가진 한계로 인해서 비롯되었다. 먼저 공공주도 공급에서는 새로운 수요에 대한 기민한 대응이 성공적이지 못했다. 노인, 청년, 장애인, 1인 가구 등 새로운 사회적 주거 수요 계층의 필요를 적절히 담아내지 못하고 있다. 신규 수요에 대한 효율적 대응 방안이 요구된다.

두 번째 요인은 중앙 공기업 독점으로 인한 비효율에서 비롯되었다. 문제 제기에서 언급한 것처럼 우리나라의 경우, 중앙집권적 체계 속에 공기업 LH가 주도적으로 공공임대주택 정책을 추진한다. 이 체계 아래에, 지방정부나 지방공사가 공공임대주택을 공급하려 할 때, 행정비용 및 경험 부족으로 추진의 어려움을 겪는다. 따라서 지방정부의 역할은 위축되고, 민간 참여를 억제하는 결과를 초래한다. 중앙집권적 체계는 공공시행자의 유지비용 증가 및 공공임대 주택공급과 관리 비용 상승의 비효율이 발생한다. 중앙 공기업 주도는 지역적 특성이나 다양한 규모의 주택 요구에 대응하기 어렵다. 다변화되는 사회에 따라 지역별, 수요자별 맞춤형 주택의 필요성이 증가한다. 공공임대주택의 재정 운용은 의무 지출이 아닌 재량 지출에 해당하는데, 주택도시기금의 경우 예산 규모가 크지 않고 공공임대주택에 대한 재정 투자의 지속가능성 역시 낮은 상황이며, 지방정부의 경우 재정 여건상 임대주택의 건설 및 관리를 위해 사용할 수 있는 자금이 부족한 상황이다. 따라서 지방정부나 지방의 민간사업자가 주도적으로 공공임대주택을 공급하기는 거의 불가능한 상황이다.

공공임대 시장에서 공공임대 공급은 증가하고 있다. 그런데 거주 환경이 우수한 건설형 장기공공임대주택은 지속적인 감소세를 보였다. 건설형 임대주택은 주로 영구임대, 50년 임대, 국민임대 등의 종류가 약 51%로 주거 취약계층 중심의 임대시장에 조성되어 있다. 왜 감소할까? 바로 건설형 장기임대는 운영 기간 중 공공사업자의 손실이 증대하기 때문이다. 국가의 공공성 강화를 위해서는 공공사업자의 손실을 국가가 보증해줘야 하나 공공사업자의 재정 상황을 모니터링하는 정부의 정책이 공공사업자로 하여금 교차보전을 필요하게 하고 안 좋은 지역에 공공임대를 배치하고, 작은 평형만 공급하며, 품질 저하가 발생하도록 만드는 구조에 의존한다. 그래서 건설형 장기 공공임대 재고율이 낮고, 입주 자격 제한이 엄격하고 가구원 수 대비 작은 평형과 품질 저하가 발생하여 공공임대 비수혜 가구는 민간 임차 시장에 의존하게 된다.

통계청 2019년 기준으로 민간 임차 시장은 공공임대주택이 약 166만 호, 민간법인 소유가 약 80만 호, 다주택 가구 소유가 약 424만 가구였다. 전체 주택 수60% 가까이 이르는 1주택 소유자를 포함하고서도 전체 주택 수 중에서 28%인 500만 가구가 민간 임차 시장에서 고비용의 임대료를 부담하며 살아야 한다. 공공임대주택의 3배에 해당하는 수치를 민간이 담당하고 있다. 이로 인해 무주택가구 다수가 민간 임차 시장에 의존하며 살아갈 수밖에 없어 2019년 기준으로 전/월세 평균 거주기간은 3년인데 반해 자가 보유는 11년으로 나타나, 주기적으로 주거 불안이 발생하는 이유가 된다. 임차 시장에서 민간의 독과점 형태로 구성되어 있다 보니 임차인을 위한 주거 서비스 및 품질 개선 노력이 없는 것이 당연하다. 공공임대주택이 제 기능을 하지 못하고 공공사업자가 원래의 목적에서 벗어나 이윤 추구를 하도록 강요하는 구조적인 제도 개선이 먼저 이뤄져야 함이 여기에서 여실히 드러난다.

결론적으로 주택시장을 분석한 결과 다섯 가지 특징이 우리 사회의 주거 불안정 요인으로 작동한다는 것을 알 수 있다. 먼저, 자가 보유 장려 정책이 주거 안정 효과에 제한적으로 작용한다. 둘째 현저히 낮은 공공임대 재고와 입주 자격 제한 등으로 무주택자는 민간 임차 시장에 의존한다. 셋째, 거주 환경이 우수한 건설형 임대 축소로 양질의 임대주택 재고율이 감소하고 있다. 넷째, 저소득 주거, 입지, 품질 등으로 임대주택을 기피하고 있다. 다섯째, 민간 임차 시장에 의존하는 공공임대 비수혜 가구의 주거 불안이 지속되고 있다.

유럽에서처럼 한국에서도 비영리 민간에 의한 임대주택공급의 시작할 필요가 있다. 이것을 나는 대리인 체제라고 불렀다. 비영리 민간 참여를 활성화하여 공공성을 유지하는 것이다. 외국은 사회주택의 민간 참여가 활성화돼 있지만, 한국은 공기업 중심의 공공임대주택 정책이었다. 공기업 중심일 경우 공공임대주택 재고 확충이 어렵기 때문에 민간 조직에 의한 사회주택공급정책 함께 시행해야 한다.

2) 공공임대 주택공급에서 비영리 민간의 역할

네덜란드를 비롯해 유럽의 주택공급 정책에 있어서 사회주택의 성과는 분명하다. 우리나라에서도 사회주택을 연구하고 많은 실험을 해왔다. 사회주택정책은 지방정부의 주도로 민간과 협력하여 저렴하게 주택을 공급하는 정책으로 활용되었다. 사회주택정책은 공공임대주택의 한계를 극복하고, 공익적 가치를 지향하는 민간주체를 발굴하고, 육성하는 긍정적 결과를 가져왔다. 민간주체가 건축, 관리, 운영을 담당함으로써, 공공의 재정 절감 가능성을 보여주었다. 저소득층 집단 슬럼화로 인해 발생하는 갈등 해소에 기여하고 해당 지역의 민간 사업자가 사업에 참여함으로 공급의 공간적 불균형을 완화하였다. 중앙집권일 경우 법규, 규정의 경직성으로 공급이 지연되는 것에 비해, 부지선정이나 민원 처리 등의 신속한 의사결정이 가능해졌다. 커뮤니티 공간 운영, 공동체 활성화 프로그램, 지역사회 소통 등을 민간주체가 수행하여 공공사업자의 관리나 운영에 있어서 부담이 완화되었다.

그러나 사회주택정책에는 일정한 한계가 노출되었다. 사회주택은 공공주택 유형에 포함되지 않아, 중앙정부의 재정 지원을 받지 못한다. 지방정부의 토지구매비에 대한 부담은 사회주택의 확대를 가로막는다. 사회주택이 공공성을 갖기 때문에 중앙정부의 재정이나 주택도시기금, 사회주택기금 등 자금 조달의 방안을 마련하는 것이 필요하다. 공익적 성격을 가진 민간기금의 육성 및 활용이 필요하다.

사회주택공급의 활성화를 위한 주거종합계획이나 도시계획, 정비계획 등의 수립 시, 사회주택 용지의 배분 계획 등의 규정이 필요하다. 이는 한 지역 안에서 수많은 이해관계자 사이를 중재할 수 있는 정치적 리더십의 역할을 절실히 요구한다. 토지 소유주, 건물주, 지역 거주민, 관료, 정치인 등 많은 이들이 지역 관련 이해 당사자들이다. 중재하고 이끌 수 있는 리더십이 있다면 외곽만 확대하고 개발하는 도시의 문제를 해결할 수 있을 것이다.

또한, 사회주택 관련 법률 등 제도적 기반이 취약하다. 사회주택에 대한 개념 정의와 근거, 용어 등이 명확하지 않아 공공성에 적합한 지원방안이 마련되지 못하고 있다. 사회주택이 지향하는 가치가 공공성에 있고, 공공성에 대한 합의가 이루어졌다면, 취지에 맞는 보조금과 장기 조달 방안 마련이 필요하다.

더 중요한 요인은 민간사업자의 역량 부족에 있다. 공공지원 부족과 초기 투입자본의 장기 회수 구조로 인한 어려움이 있다. 경험 부족 등으로 인해 사업성이 악화될 수 있다. 초기 사업비 부담은 민간사업자의 참여를 막는 걸림돌이 된다. 과감한 제도 개혁을 통해 공익적 민간사업자의 참여를 독려해야 한다. 사회변화에 따라 복지 생산에 비영리 민간조직이 참여할 경우 효율성을 높이면서도 제도의 목적을 소기에 달설할 수 있기 때문이다.

사회주택은 사회 변화에도 잘 들어맞아야 한다. 공공주택을 넘어 '소셜하우징'으로 변화를 꾀해야 한다. 2019년 경기도의회 용역에서 이 점을 주장했었다. 장기적으로는 개념 정의를 좀 더 넓고 깊게 해야 한다. 따라서 민간이 공급하는 저렴한 임대주택과 기존의 공공임대주택을 포괄하는 법률 체계가 필요하다. 공공택지를 활용하여 사회주택 용지를 확보하고, 주택도시기금의 활용 등 적합한 금융지원 방안을 보강해야 한다. 사회주택이 공공주택을 넘어 '소셜하우징'으로 변화하기 위해서는 기존의 공공임대주택과 민간이 공급하는 저렴한 임대주택을 포괄하는 체계적인 법과 제도적 지원이 필요하다. 무엇보다 지방분권 시대에 걸맞게 지역 사정과 여건에 맞는 새로운 모델 개발을 개발할 필요가 있다. 수도권 집중에서 벗어나 쾌적한 환경을 제공하는 방안도 고려해야 한다. 기존 모델과 더불어 민간사업자의 부담이 적으면서 민간의 역량을 키울 수 있는 공공임대 연계형 모델 등, 지역 사정과 여건에 맞는 새로운 모델의 개발이 필요하다.

비영리 민간사업자를 장기적인 관점으로 육성해야 한다. 국가의 개입은 최소화하면서 효율성과 효과성 있는 정책을 위해서는 민간의 참여가 대단히 중요하다. 현재 취약한 사회주택공급자의 현실을 반영하여, 민관합작기업을 설립하는 등, 비영리 민간사업자를 장기적인 관점으로 육성하는 적극적인 시도가 필요하다. 주요 선진국의 사례를 보면, 사회주택에 참여하는 사업자 또는 사회주택 자체에 대한 공공성을 제시하고, 그에 따른 적절한 보조 및 지원제도를 마련하고 있는 것처럼, 사회주택에 대한 적절한 공공성 확보 기준이 마련되어야 한다.

3) 도시재생과 공공임대주택의 길

도시재생은 주거공급과 공간 재활용 차원에서 많이 다루어졌다. 도시재생은 우리나라의 고질적인 주거공급 방식인 아파트 개발과 연동된 공공임대주택 공급체계의 한계를 극복할 방안으로 주목을 받았다. 아파트 중심 주택정책의 이면에는 다가구주택과 다세대주택 연계된 부작용이 늘 존재했다. 다가구주택과 다세대주택은 건축 규제 변화에 빠르게 반응하고, 공급 시차도 크지 않았다. 규제 완화라는 행정적 의사결정은 별다른 공공투자 없이 단기간 주택을 더 많이 공급할 수 있었다. 건축 규제 완화 시에 민간사업자의 사업성이 개선되어, 다가구・다세대 주택공급이 증가하게 되었다. 개발이 활성화되면 단독주택 매매가가 상승하고, 그만큼 사업성 확보가 어려워져 다시 공급이 둔화하는 패턴이 반복되었고 공급 활성화를 위해 더 많은 건축 규제 완화 요구가 커졌다. 시급한 주택공급 부족에 대응한다는 명분으로, 건축 규제 완화가 누적되며 저층 주거지의 정주 환경은 점점 열악해졌다. 아파트 중심의 주택공급정책의 이면에서 저층 주거지의 정주 환경이 악화된 채로 진행되었다.

택지의 가용성과 수급 불균형의 문제도 있었다. 서울에서 정비사업은 공공임대주택의 주요 정책이나, 정비사업은 저소득층이 사는 기존 주택의 대대적인 멸실을 수반했다. 정비구역 내 세입자의 주거 불안뿐만 아니라, 저렴 주택에 대한 수급 불균형을 초래해 인근 지역의 전・월세 가격상승을 유발하였다. 정비사업은 서울시의 공공임대 주택공급을 확대하는 데 이바지했지만, 재개발로 주거를 위협받는 세입자에 비해 재개발 임대주택공급량이 적어, 저렴한 임대주택의 총량을 감소시키는 결과를 초래했다.

노후 주거지에 자리 잡기 시작한 매입임대주택이 쾌적한 주거환경을 제공하는 데 방해 요소로도 작동한다. 국민임대주택 100만 호 공급계획이 본격화되었으나, 택지 확보가 어려웠던 정부는 매입임대주택을 도입하고, 이를 국민임대주택으로 공급하기 시작했다. 매입임대주택과 택지개발이나 재개발을 통해 확보하는 공공임대주택의 구조적 차이가 있는데 먼저 공급단가를 결정하는 구조에서 차이가 있다.

기존 주택 매입임대주택의 매입가가 너무 낮으면 소유자가 공공에 팔려 하지 않기에, 매년 매입 목표 물량을 달성해야 하는 공공 입장에선 적정 매입가격의 합의점을 찾을 수밖에 없다. 관료들의 실적 달성이라는 압력이 작동하는 지점이다. 여러 차례 저서에서 그리고 행정 질의에서 관료들의 실적 압박을 이야기하였다. 사업 시행 주체의 개발이익을 보장해주는 대신 공공임대주택 공급단가를 임의로 낮출 수 있는 택지개발 임대주택이나 재개발 임대주택과 게임의 법칙이 다르다. 매입가 결정 구조는 매입임대주택의 공간적 분포에 직접적인 영향을 미친다. 이에 지가가 저렴한 일부 자치구에 매입임대주택이 집중적으로 공급된다. 이러면 공간적 수급 불균형 문제뿐만 아니라 매입임대주택이 집중된 자치구의 반발도 초래한다.

무엇보다 매입임대주택은 건축설계 수준 향상, 지역의 정주 환경 개선을 끌어내지 못한다. 왜냐하면, 매입임대주택은 필지 단위 건축 규제 하에서, 기술적인 품질 기준과 매입가격에 맞으면 거래 성사되고, 더 나은 디자인이나, 서비스로 상품성을 높일 필요가 없으므로 매입임대주택 사업자는 철저히 수지타산에 맞춘 결과물을 공공에 매각하기 때문이다. 저층 노후 주거지에서 공급되는 매입임대주택은 기성 시가지 내 저렴한 임대주택의 총량을 확대하는 공급 수단으로 자리 잡았지만, 동네의 재생이나 생활환경 개선에 오히려 방해 요소로 작동한다.

4) 공공임대주택 공급정책의 질적변화 방향

우리나라 공공임대주택 정책의 경우 새로운 공공임대주택 유형을 만들거나 기존 유형 분화하여 공공임대주택 유형마다 대상 계층, 입주자 선정기준, 임대료 수준이 다르게 발달해 왔다. 여러 공공임대주택 유형이 그대로 유지되고 있기 때문에 입주 대상 계층을 확대할 때, 기존 최저소득층이 입주할 수 있도록 소득 수준에 따라 부담 가능한 임대료를 부과하는 체계를 갖추고 있지 않다. 따라서 공공임대주택 유형을 정비하여 가급적으로 수혜자 중심으로 정책의 효과성을 제공할 필요가 있다. 복지국가는 국민의 니즈를 채워주어야 하는 것이지 관료 시스템으로 작동하는 거대한 기구를 만드는 것이 아니다. 관료 기구화된 공공임대주택 정책은 사실 누구나 쉽게 정보에 접근할 수 있는 구조로 설정되어 있지 않다. 공공임대주택 정책이 복잡해 정책 정보에 접근하기 쉽지 않아 늘 유권 해석이 필요하거나 엄격히 집행하면 수요자를 찾지 못하는 우스운 결과가 나타난다. 공공임대주택 유형 통합 시 유형별로 다른 자격 기준과 선정 절차를 알아야 할 필요가 없어질 때, 공공임대주택에 대한 접근성 격차가 감소할 것이다.

공공임대주택 배분에 대한 엄격한 원칙을 설정할 필요가 있다. 보통 소득이 낮은 이에게 상대적으로 먼저 혹은 더 많은 자원 배분한다고 하면, 폭넓은 정치적 지지를 얻기 힘들어 정책이 펼쳐지기 어려워진다. 그런데 무조건 보편적 성격만 강조하면 심각한 문제에 신속한 대응이 어려우며 정책이 왜 필요한지에 대해 정당성 차원에서 문제가 제기될 수 있다.

사회적 상황과 정치적 지형을 고려하여 균형점을 찾아야 한다. 그래서 많은 논의가 필요하다. 복지국가는 시끄러운 것이다. 그리고 늘 갈등을 유발한다. 그러나 그것을 통해서 국가는 사회통합에 한 걸음 나아가야 한다. 공공임대 관련 국가의 공공성을 확보하기 위한 노력을 게을리해서는 안 된다. 주거 문제 중 가장 시급하게 대응해야 할 사안은 국가의 지원이 없을 때 심각한 문제를 겪을 수 있는 집단에 대해 국가의 책임을 명확하게 하는 것이며 이것이 복지국가의 존재 이유이다.

공공임대주택은 늘 적정한 주거비 부담이 얼마인지에 대해서 논쟁을 일으킨다. 현재는 공공임대주택 유형에 따라 임대료 산정기준 다르다. 대체로 건설원가 기준 계산 방법과 시세 기준 계산 방법으로 구분된다. 공공임대주택의 임대료 산정 방식은 입주자의 부담 능력을 고려하지 않는다. 가장 큰 문제이다. 공공임대에서도 상품으로서 주택을 전제하고 있는 것이 아닌가 하는 의심을 하게 만든다.

따라서 공공임대주택 유형 통합은 단일한 임대료 체계를 만드는 과정이며 새로운 임대료 체계를 구축할 때 주거비 부담 능력을 고려하는 것이 매우 중요하다. 우리나라는 주거비를 부담할 수 없어 배제되는 집단에 대한 대응을 제대로 하지 못한다. 마치 자격이 없다는 방식으로 그들의 가난을 탓한다. 공공임대에서도 이런 현상이 발생한다. 복지국가의 틀을 벗어나는 사고에서 벗어나야 한다. 소득에 비례하여 임대료를 정하는 원칙을 확정하여야만 공공임대주택은 재정적으로 지속 가능할 것이다. 그리고 우리나라 공공임대주택 보증금은 많게 정해져 있어 입주 포기하는 원인이 되고 주거비 부담의 원인이 된다. 이 점에 대해서도 끊임없이 문제를 제기하여 수정해야 할 것이다.

공공임대주택과 주거급여는 대체재이자 보완재이다. 사회서비스와 공공부조의 조화가 필요한 지점이다. 주거비 보조와 공공임대주택은 주거비 부담 때문에 적절한 주거 생활이 어려운 이들을 지원하기 위한 정책 수단이어야만 한다. 그러나 우리나라의 경우, 주거비 보조는 대상층의 범위가 제한적이다. 공공임대주택의 적정한 주거비 부담을 실현하기 위해서는 공공임대주택의 임대료 소득 수준을 고려하여 조정하는 체계를 만드는 것이 적절하다.

나아가 공공임대주택은 살기만 하는 몸만 누우면 되는 곳이 아니라 삶을 영위하는 공간이어야 한다. 상대적으로 소득 수준이 높은 사람이 규모가 큰 주택에서 생활하는 것을 당연하게 생각한다. 그리고 저소득층이 작은 규모의 주택에 생활하는 것을 당연하게 받아들인다. 하지만 소득 수준이 낮다고 주거 소요가 작은 것은 아니다. 주거 소요를 고려하여 적절한 수준의 주택을 배분하지 않으니 기본적인 수준을 보장하지 못하는 것이다. 적정 소비를 위해 주거 소요를 고려한 주택 배분 기준 필요하다. 가구원 수와 가구 구성, 장애의 내용과 정도 등 고려해야 한다. 엄격하지 않으며 지역의 수요와 공급 현황을 고려해 유연하게 조정되어야 하는 이유가 여기에 있다. 입주자 관리가 또한 강화되어야 하는데 거주자의 구성과 그 변동을 파악하는 체계가 필요하다.

마지막으로 지역사회의 계층 구조가 단일화되어 가난한 동네, 부자 동네로 나뉘는 것이다. 우리는 지역사회의 계층을 다양화해야 한다. 계층별로 엄격히 구분된 주거지가 아닌 다양한 계층과 집단이 함께 생활하는 지역사회를 만드는 것이

바람직하다. 공공임대주택의 복잡한 유형과 아파트 중심의 개발은 주거지 분화를 심화시켰고 가난한 집 애들하고는 놀지 말고 놀이터도 사용하지 말라고 하는 새로운 신분 사회를 만들었다. 새로 건설하는 공공주택 단지에 분양주택과 임대주택을 함께 건설하는 '혼합단지' 혹은 '소셜믹스 단지'로 주거지 계층별 분화에 대한 해결을 시도해야 한다. 여러 가지 점유 형태와 다양한 규모의 주택이 한 동네에 골고루 분포하는 것이 오히려 도시의 생태계를 더 활기차게 만들 수 있을 것이다.

공공임대주택에 관한 정부의 정책 변화는 다양한 이해 당사자들의 방해가 예상된다. 기존의 체계가 이해관계와 얽히면서 너무 복잡하여 공공임대주택 유형 통합이 요구되나 이것이 논의가 진전되지 못하는 원인이기도 하다. 중앙정부가 유형 통합에 적극적이지 못한 이유도 정부와 공공주택 사업자, 비영리 민간사업자, 시민사회 조직 그리고 시민의 이해관계는 공공임대주택 유형 통합과 연결되어 있기 때문에 발생한다. 정책 전환을 통해 과거 지배적 영향력을 행사하던 주체들의 권한이 다소 줄어들고 다른 주체들은 새로운 역할을 받을 수 있을 것이다. 이것을 해소하기 위해서 나는 기본주택이 가지는 정책적 의미가 크다고 생각한다. 제도의 큰 틀에 변화를 주지 않고 새로운 방식으로 공급하면서 위에서 언급한 공공임대주택의 특성을 유지하며 보편성에도 알맞은 복지국가의 주거 서비스에 적합하게 설계되어 있기 때문이다.

5) 기본주택과 주거공급의 안정성

기본주택은 기본소득을 주거 안정에 적용하는 개념으로 사업자는 대량공급을 통해 지속 가능한 사업을 추진할 수 있고 소비자는 부담 가능한 임대료를 지불하기에 주거가 안정될 수 있다. 특히 무주택자 누구나 평생 안정적인 거주가 가능한 주택을 공급받을 수 있도록 하는 제도이다. 지금까지 한국은 대규모의 토지 개발과 대량으로 아파트를 공급하면서 주거 안정을 꾀하려고 하였으나 자가 소유를 목적으로 하는 사회에서 주택공급이 100%를 넘어서더라도 주거 안정을 이루기 어렵다. 그리고 현재 주거 안정에 필요한 공급 정책을 수정하려면 법과 제도를 많이 바꾸어야 한다. 일단 현재 주택공급 정책에 큰 변화를 주지 않고 실현하면서 한국 사회에서 주택의 개념을 바꿀 수 있는 시작을 해야 한다는 점에서 기본주택 논의가 필요하다. 무조건 제공해주는 것이 아니라 일종의 사회서비스인 것이다. 자기 부담을 가지면서 국가의 공공성을 확보하는 것이 필요하다.

주택은 사고파는 상품이 아니라 사람이 살아가는 지극히 사적인 공간이다. 그러나 이웃과 더불어 살아가야만 하는 사회적 동물이 인간이기도 하다. 그런 의미에서 안정적인 주거 확보는 보편적인 수단이면서 사회 구성원이 누려야 할 권리이기도 하다. 그래서 무주택자 누구나 소득, 자산 등에 제한 없이 30년 이상을 장기 거주할 수 있어야 한다. 그리고 건설, 공급, 운영은 공공사업자가 하며 주택 보유는 비축리츠로 역할을 분담하여 공급을 획기적으로 확대할 수 있어야 한다. 가장 중요한 것 중의 하나는 임대료가 적정해야 한다. 본전 구조와 부담 가능한 임대료가 적정하게 연결이 되어야 한다. 이때 기준은 중위소득의 20%를 상한으로 하는 것이 필요하다고 생각한다. 여기에 잊어서는 안 되는 것은 역세권 등 핵심 지역에 임대주택을 공급하는 것이다. 먼 곳, 품질이 좋지 않은 곳은 수요자가 찾지 않는다.

경기도 475만 가구 중 무주택가구는 44%에 이른다고 한다. 공공임대주택은 총 주택 수의 8%에 지나지 않아 새롭게 접

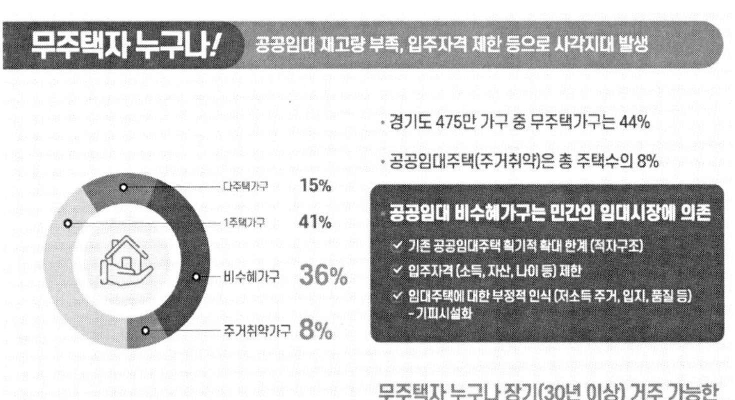

그림 13. 기본주택 장기임대형

근을 해야 한다. 이런 상황에서 기본주택 장기임대형을 신설하는 것이 필요하다.

이런 전략에 따라서 장기 임대주택을 공급할 때 공공사업자와 비축리츠의 역할분담을 통해 임대주택 비축물량을 회기적으로 확대하고 건설비 만으로 임대두책을 비축하게 하여 운영단계에서 추가 예산을 투입하지 않고 제도를 운영한다면 지속가능한 임대주택을 건설하고 국민들에게 공급할 수 있게 된다.

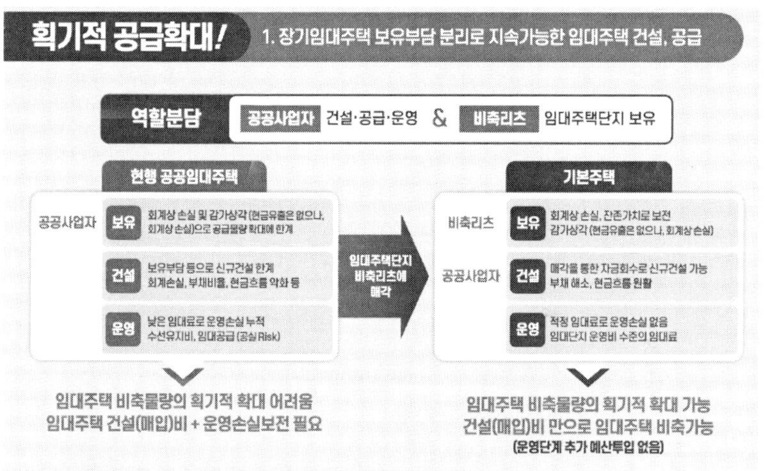

그림 14. 장기임대주택 공급 방안

공급 다음으로 중요한 것은 운영에 관한 것이다.

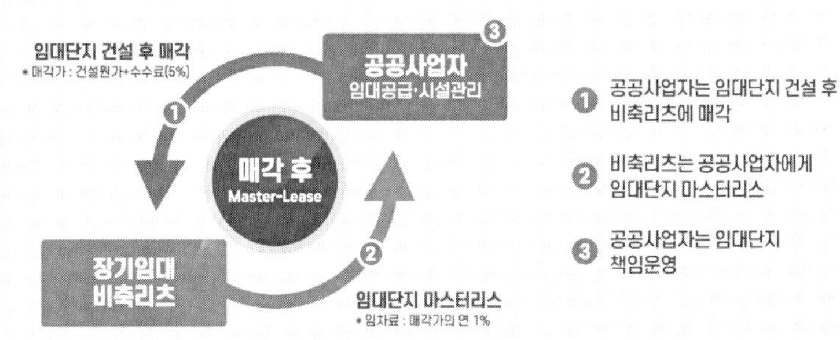

그림 15. 장기임대주택 비축리츠 활용 운영 모델 및 재원확보 운용 방안

기본주택 참여자의 역할과 분담은 각자에게 이익이 되도록 짜여 있다. 기금은 출자와 융자를 담당한다. 출자금의 배당이익은 연 0.5~1%대이며 출자는 임대단지 매입가의 10%로 하고 융자는 임대단지 매입가의 80%를 담당한다. 공공사업자는 건설, 공급, 운영을 부담한다. 운영은 손익을 모두 부담하는 것으로 건설 수수료는 5%대이며 임대주택 단지를 운영한다. 건설원가는 비축리츠 매각 시 수수료 5%를 포함하여 회수하며 임대단지 임차료 납부하고 적정임대료를 책정하여 임대단지 운영 손익을 부담한다. 임대료의 운영 손익은 공실 위험, 수선유지비, 임대료 체납 등으로 이뤄진다. 비축리츠는 부동산을 보유하는 업무를 담당한다. 부동산을 보유하기 때

문에 가치 등락이 부담된다. 안정적인 임대단지 임차료 수입을 연 1%로 얻고 임대단지 매입가의 100년 후 잔존가치로 회수한다. 임대단지 부동산 가치 상승 시 이익이 발생하며 부동산 가치 하락 시 손실이 발생할 수 있다. 입주자는 운영비 수준의 임대료를 납부한다. 이는 임대주택 단지 유지에 필요한 비용으로 임대보증금은 총사업비의 10% 수준에서 결정하며 월 임대료의 50~100배 정도에 해당하는 금액이다. 임대료는 임대단지 임차료, 임대운영비, 수선유지비 등으로 구성된다. 기존 분양 방식에서 분양이익, 시세차익 그리고 높은 금융비용을 제거하여 모든 구성원에게 이익을 주는 제로섬 게임이 아닌 통합의 게임을 통해 안정적인 주거를 공급하는 것을 의미한다.

그림 16에서처럼 기본주택이 제대로 작동하기 위해서는 다섯 개의 핵심 요소가 필요하다. 먼저 무주택자 누구나 혜택이 가야 한다. 이는 공공주택 특별법 시행령을 개정하면 된다. 적정임대료는 중요한 요소이다. 핵심 지역에 위치해서 불편하지 말아야 한다. 특히 신혼부부와 젊은 청년 세대에는 필요한 요소이다. 무엇보다 지속가능해야 한다. 모두가 원원하는 선략적인 빙법을 택해아 한다. 그리고 공공택지는 민간 매각을 금지해야 한다. 지금까지 공공택지를 매각할 수밖에 없었던 제도적 배경이 있었으나 서서히 폐지해야 한다. 공공

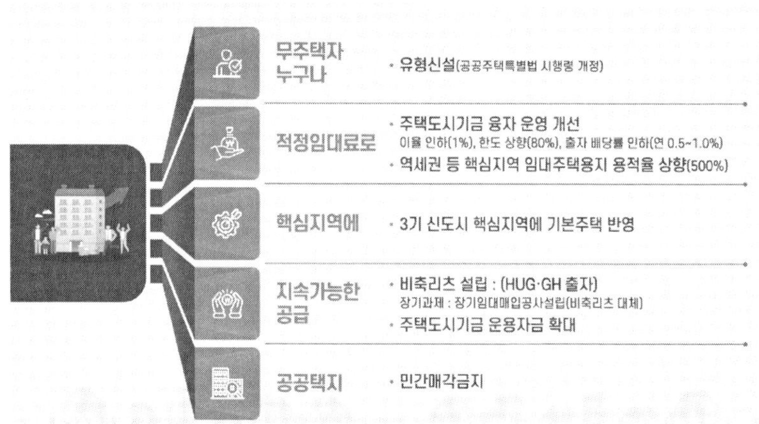

그림 16. 기본주택 다섯 핵심 요소

기관의 목적은 국민과 국가의 필요에 의해서 움직이는 것이다. 방만 경영이나 도덕적 해이는 없어야 하겠지만 목표는 이익이 아니라 국민 보호에 있어야 하는 것이다.

그림 17은 기본주택의 로드맵을 보여준다. 지금까지 지속되었던 국가의 주거 안정 제도에서 큰 틀의 변화 없이 추진할 수 있다. 대규모 개발, 소규모 개발, 금융지원, 민간 및 공공개발, 최근에 사회주택 등 다양한 분야에서 주거공급을 통해 주거 안정을 꾀하려 하였으나 실패했다. 그 요인을 분석하고 큰 변화를 주지 않고 당장 실현할 수 있는 기본주택 로드맵이 완성된 것이다. 기본소득은 주거 안정을 위한 출발점이다. 기본소득이 복지국가의 틀을 완성하는 마지막이 아니라 복지국가를 시작하는 마중물인 것처럼 기본주택도 마찬가지 역할

을 하는 것이다. 복지국가로 나가아기 위해 국가가 안정적으로 시민의 권리를 인정하고 권리를 행사할 수 있는 기회를 부여하기 위해서 기본소득과 기본주택이 등장한 것이다. 여기에 계급, 계층, 남녀와 노소가 있을 수 없다.

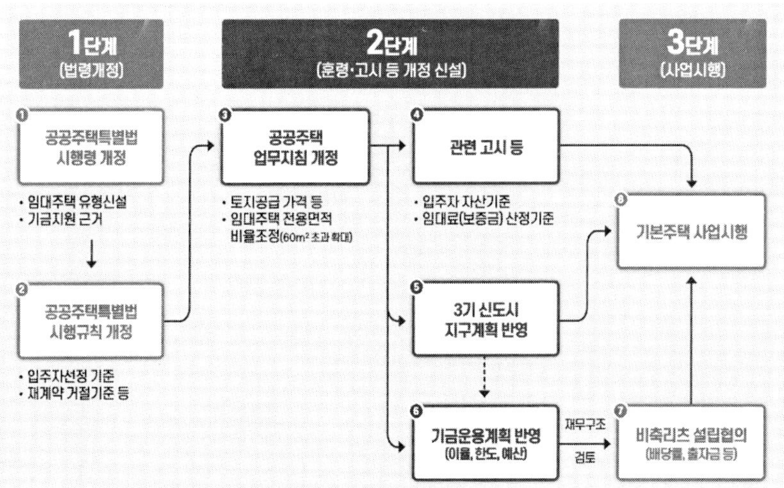

그림 17. 기본주택 로드맵

제5장

다시 복지국가로: 분열을 넘어 미래로

토마스 모어의 『유토피아』가 출판된 지도 500년이 훨씬 지났다. 그 당시 자본주의는 이전의 생산양식과는 전혀 다른 방식이었고 매우 파괴적이었다. 생산성의 혁명은 인간 사회 곳곳에 많은 파괴된 잔해를 남겼고 그 흔적에 다수 농민의 삶이 포함되어 있었다. 모어는 유토피아에서 불평등을 극복할 실험을 진행하고자 했다. 2부로 구성된 유토피아 1부에서는 당시 자본주의가 불러온 파괴적 특성을 비판하였다. 2부에서는 자본주의에 대항하는 질서를 구축할 모어만의 실험을 하였다. 그러나 그의 실험은 현실에 적용하기도 전에 실패했다. 자본주의가 더욱 전 근대 사회질서를 강력하게 파괴했기 때문이다. 한편, 수 세기 동안 샤를 퓨리에, 표트르 크로포트킨 등과 같은 그의 후예들은 자본주의가 낳은 폐해를 극복하고자 많은 시도를 했다. 인류는 문제를 해결하기 위해서 끊임없는 노력을 했고, 그로 인해 지금 사회가 진보했다.

복지에 영향을 미치는 요인은 무한대로 많다. 시민의 조직화된 결사체와 그들의 목소리를 자원을 배분하는 힘을 가진 국가 조직에 투영할 수 있는 정치체계는 복지국가의 등장에 큰 영향을 미쳤다. 자본주의 경제 구조의 변화는 끊임없이 인간에게 새롭게 적응하도록 유도한다. 그런 적응에 성공한 사회만이 변화 속에서 안정적으로 생존할 수 있었다. 급변하는 생산양식의 변화 속에서 우리는 변화해야만 한다는 사실을 깨닫지 못할 때가 많다. 코로나19는 우리가 무엇을 해야 할지를 알게 해주었다. 변화해야 한다. 우리의 삶을 더 낫게 만들기 위해서 현재 우리가 할 일은 변화에 적응하며 미래를 준비하는 것이다.

복지는 늘 시끄럽다. 민주주의가 시끄러운 것처럼 복지도 시끄럽다. 이유는 한정된 자원을 활용해야 하기 때문이다. 나에게 올 자원이 다른 이에게 전달이 되면 내 몫은 줄어들게 되어 있다. 이런 제로섬 게임 논리에 빠지면 복지는 싸움터가 된다. 복지가 싸움터가 되지 않도록 만들려면 제로섬 게임 논리에서 벗어나야 한다. 그리고 경제 구조 변화에 보조를 맞추는 미래형으로 복지를 건설해야 한다.

1. 미래형 복지정책 세우기

복지제도는 정치적 리더십, 지방분권 정도, 정부 신뢰, 시민들의 주택 욕구, 전문가 활용, 민간 참여, 국가 기구의 효율적 분화, 의사소통 정도, 국가의 시장개입 정도 등 다양한 요인들에 의해서 결정된다. 서구에서 자본주의에 대응하기 위해서 민주주의 발전과 더불어 성장한 국가의 복지제도는 긴장과 갈등의 연속선상에서 움직여왔다. 경제 구조 변화에 따라 변화하는 속성을 가진 사회구조는 복지제도 구축에 매우 중요한 요소이다. 복지 관련 정책 하나만이 아니라 사회적인 부분에서도 시작해야 한다. 지난 수십 년간 노벨경제학상 수상자들이 전통적인 경제 영역을 넘어서 사회과학의 영역에 발을 걸치고 있는 이유가 여기에 있다.

부동산 시장에서는 늘 부동산 불패의 경로 의존이 발생했다. 한국에서의 부동산정책은 시장의 개입과 시민들의 예측 가능성, 부동산정책의 신뢰성이 상호 연결이 되어 있고 국가 개입이 부동산 불패 신화를 파괴하지 못하고 있다. 제도 변화를 통한 부동산정책의 개선으로 제도 발전의 경로를 과감히 벗어나 새로운 제도로 대체할 필요성이 있다. 인식의 변화를 이끌 수 있는 제도가 필요하다. 복지와 다른 사회 영역과 연계된 복합적이고 다층적인 제도 개선이 요구된다.

지방분권화는 매우 필요한 요소이다. 지방분권으로 지방에 대폭적인 권한을 이양하여 지방정부로 자체적으로 해당 지역 중심의 복지정책을 하도록 이끌어야 한다. 중앙은 큰 틀에서 제도를 수립하고 지방에서 시행하는 과정을 검토하여 작동이 잘되도록 유도해야 한다. 그리고 국가의 조직은 상호배타적으로 연결되어야만 한다. 중첩적인 일을 한다면, 상위 기관이 간섭하게 되고 후에는 중앙과 지방의 관계가 수직적으로 고착된다. 지금 우리의 현실에서는 지방과 중앙의 관계가 매우 위계적이다.

유럽 국가들의 복지정책에서처럼 정책 공급 주체들에 있어 중앙정부와 그 산하기관, 지방정부와 그 산하기관, 시민단체(지역 조직 및 연구소 등) 사이 업무의 중복을 피하고 역할을 분담하였다. 경제 상황과 구조는 매우 중요한 요소이다. 동원할 자원의 규모를 키우고 확대하는 영역이 경제 영역이기 때문이다. 어떤 국가도 완벽하게 시민사회를 통제할 만큼 강하지 못하다. 그래서 시민참여 정도의 문화적 배경이 중요하게 작동한다. 시민참여가 자율적인가 아닌가에 따라서 지역 전문성과 결합하여 정책의 수립과 시행 역량 강황에 강한 영향을 미친다. 사회 여러 곳에서 자원을 동원하고, 구성원 사이 갈등을 중재하면서 복지정책을 수립하고 실행해야 하기 때문에 정치적 리더십은 다른 요인들과 더불어 중요한 요소가 된다. 미래 비전과 현장의 목소리가 조화롭게 하나의 정책에 녹아들어갈 때 정책 효과가 있을 것이고 이를 통해 복지 인식이 변화할 것이며 더 큰 사회적인 차원에서 복지가 제 기능을 할 것이다.

2. 복지국가의 마중물로서의 기본소득과 기본주택

발전국가의 영향으로 아직도 국가개입이 기초 단위의 지방정부에 영향을 미치고 있는 실정에서 과도한 중앙정부 권한은 지방이 성장하는 데 방해 요인이 된다. 강한 중앙의 힘은 국가 인프라가 지방에서 발생하는 다양한 제도의 혼재를 감독하지 못하고 오히려 지방의 부정부패를 낳아 지방 개발이 복마전이 되도록 만든다. 자율적 개발과 재생을 통한 주택을 공급하는 것처럼 자율성을 제고하는 복지정책을 수립해야 한다. 다섯 가지의 사회악을 제거하고 복지를 충족시키려고 했던 비버리지 보고서는 총체적으로 상호 매우 긴밀하게 움직이는 사회의 영역들을 잘 서술해 놓았다. 그렇기 때문에 어느 한 제도를 바꾸기 위해서는 다양한 제도 변화가 모든 영역에서 동시다발적으로 일어나야 한다.

인식의 변화는 사회구조 변화를 초래한다. 그러나 인식은 자동적으로 변화하지 않는다. 전체가 같은 의견을 갖고 있다 하더라도 제도화가 이뤄지지 않으면 바뀌지 않는다. 공공성을 확보하는 다양한 제도들이 수립되어야 한다. 기본주택과 기본소득은 복지정책에서 현재 한국 사회의 구조적 모순을 해결하기 위한 시작점이 될 수 있다. 한국 사회는 격변의 한 중간에 서 있다. 그런데 옛날의 것이 좋다고 변화를 거부하는 움직임이 강하다. 기본소득에 대해서 기존 복지국가를 해체하려고 하는 의도를 가진 것이라고 의심하는 것이 대표적인 예다.

기본소득이나 기본주택은 현재 불안정한 삶의 조건을 안정적으로 변화하도록 유도하기 위해서 그래서 미래를 대비하기 위해서 설정된 것이다. 1980년 이후 전통적 복지국가에 대한 많은 비난이 있었음에도 아직 복지국가의 기본 틀은 변화하지 않았다. 자본주의가 사라지지 않는 한, 민주주의가 사라지지 않는 한 복지국가는 필요하고 작동할 것이다. 그런데 누구를 위한 복지국가인가 하는 점에서 우리는 질문을 해야 한다. 대선에 참여한 많은 이들이 복지국가는 중요하며 더욱 발전해야 한다고 이야기하였다. 그런데 복지국가를 건설해야 한다는 총론에는 대다수 동의하나 어떻게 목표를 달성할지를 다루는 각론에서는 각자 위치에 따라서 다르게 이야기한다. 그럼에도 대화하고 소통하면서 미래 가능성을 염두에 두고 서로 효과적이면서 효율적인 제도를 만드는데 의견을 모아야 한다.

3. 유토피아의 한국적 실험을 제안하며

이미 여러 차례 복지국가를 둘러싼 경제 조건과 상황이 바뀌었다고 이야기하였다. 그래서 우리가 알던 노동의 근대적 개념도 변화해야 할 때가 되었다. 국가의 정치 구조, 지역 사이의 관계, 경제의 발전 수준과 과학기술의 발전 등이 자본주의 생산양식의 변화로 귀결되었다. 변화는 늘 점진적이었으나 변화의 결과는 컸다. 근본적인 사회구조의 혁명적 변화보다는 점진적 변화가 있었기 때문에 급변하는 미래에 대처하기 위해서 우리는 제도의 도입과 개선을 통해 시민의 삶과 인식의 변화를 측정하며 서서히 대응해야만 한다. 우리가 자라날 때 키가 자라나는 것은 보이지 않으나 어느 순간의 시점이 되어야 그것을 깨닫듯이 변화는 눈에 보이지 않으나 특정한 시점에 인식할 수 있다. 그래서 제도 변화를 통해 점진적 대응과 적응을 해야 한다.

서핑(Surfing)하는 젊은이에게 기본소득을 제공해야 하는가? 혹은 아프지 않은 이에게 병원비를 제공해야 하는가? 라는 질문은 현재 복지국가에도 맞지 않는 질문이다. 사후 처방적이고 수혜적인 복지가 아니라 예방적 복지를 현재 복지국가는 이념으로 삼고 있다. 위와 같은 질문은 비록 근대적이지만 앞으로 다가올 미래에는 부합하지 않는 사후 처방적 복지에만 집착하는 질문이다. 서핑하는 젊은이도 아프지 않은 사람도 자신에게 '필요한 자원을 필요한 곳'에 자신의 선택에 따라 결정해 사용할 수 있어야 예방적 차원의 복지가 될 것이다.

하나의 실험을 예로 들어보자, 인구 2만 명의 도시를 건설하고 주택과 인프라를 건축하여 기본소득과 기본주택을 제공하며 행정기구는 최소한으로 유지할 수 있는 수준으로 구성하는 실험을 제안하고자 한다. 노는데 집도 주고 거주 기한을 채우면서 경제활동도 할 수 있는 도시 공간이 제공된다면 어떨까? 시간과 돈이 있다고 살 수는 없다. 인간은 자아실현을 위해 노동해야 하는 존재이다. 노동에 대해 가치를 제공하고 더불어 살 수 있는 기초를 다지고자 한다면 선호를 받을 것이다. 그래서 젊은이들이 오는지 아닌지 자율석으로 소비하도록 유도하며 자율적으로 노동을 관리하도록 한다면 어떤 일이 벌어질까? 현실에서 제로섬 게임의 사회정책으로 미래 세대가 서로 갈등하고 투쟁하게 만들기보다 국가가 기본주택이 있는 마을을 만들어 기본소득을 제공하여 청년들이 자신들이 꿈꾸는 미래를 만들도록 현실 유토피아를 만드는 것이다.

여러 차례 실험을 통해 미래 세계를 선도할 한국형 복지국가를 만들 수 있을 것이다. 다양한 실험을 통해 얼마의 복지예산이 필요한지 아니면, 필요하다면 새롭게 건설할 복지 체계는 어떻게 형성되어야 하는지를 알 수 있을 수준으로 우리가 미래를 준비하자는 것이다. 경기도의회 기본소득 기본조례 제정과 수정까지 기본소득은 늘 어느 단계와 수준에서 결정되어야 함을 이야기하였다. 현재 복지 체계와 연동하여 기본소득을 실시하여 사각지대를 제거하는 일과 새롭게 전면적인 기본소득 실험을 하는 것도 의미가 있을 것이다. 왜냐하면, 노동의 개념이 이미 변화하기 시작했고 개성을 가진 개인주의가 등장하고 상호 존중하면서 공동체를 형성할 수 있는 조건들이 조금씩 만들어지고 있기 때문이다. 우리는 모든 경우의 수를 가정하고 그에 따른 다양한 대비책을 준비할 필요가 있다.

만일 그렇다면 새롭게 창조적 노동을 하는 마을이, 도시가 생긴다면 그곳은 굴뚝 산업을 유치할 필요도 없이 많은 이들이 찾아올 것이며 어디선가에서 가능성을 탐색하기 위해서 찾아올 것이다. 관광으로 제도 수립 목적으로 무엇보다 국가와 시민이 혼연일체가 되어 공공선을 향해서 움직이는 그래서 시민들이 급변하는 시대 속에서 안정적인 삶을 살아가며 인간답게 자신의 권리를 찾아가는 그런 사회를 건설할 수 있을 것이다. 다시 복지국가로 향해서 서로 의견을 들어주고 가능성을 높여주자. 각론에서 다르다면 서로의 장점을 모아보자. 갈등을 넘어 미래로 더불어 나아가보자. 그래서 지혜를 모으는 집단지성이 살아 숨 쉬는 대한민국을 함께 건설해보자.

다시 복지국가로: 분열을 넘어 미래로

인쇄일 · 2022년 2월 11일
발행일 · 2022년 2월 11일

지은이 · 원 용 희
펴낸이 · 김 채 진
펴낸곳 · 책과공간
주 소 · 서울시 중구 을지로 191(502호)
전 화 · 02-725-9371
팩 스 · 02-725-9372
등 록 · 제 1996-000228 호
정 가 · 20,000원